책세상문고·고전의 세계

순수이성 비판 서문

KRITIK DER REINEN VERNUNFT

순수이성 비판 서문

KRITIK DER REINEN VERNUNFT

이마누엘 칸트
·
김석수 옮김

책세상

일러두기

1. 이 책은 베를린 학술원판 《칸트 전집》〔Akademie-Ausgabe, *Kant's gesam-melte Schriften*(Berlin und Leibzig, 1902), Bd. I~XXIII〕를 기본 번역 텍스트로 삼고, 바이셀판(Wilhelm Weischedel, *Kant Werke*(Wissenschaftliche Buchgesellschaft : Darmstadt,1983), Bd. I~X)도 참조하여 《순수이성 비판》의 초판(1781)과 재판(1787)의 '서문'과 '들어가는 말'을 번역함으로써 《순수이성 비판》 전체 내용을 간략하게 소개하고자 했다. 또한 스미스N. Kemp Smith가 영역한 *Critique of Pure Reason*(New York : St. Martin's Press, 1929)과 최재희가 옮긴 《순수이성 비판》(박영사, 1987)을 참조했다.

2. 《순수이성 비판》에서의 인용은 편의와 관례에 따라 초판은 A로, 재판은 B로 표기했다.

3. 주는 원주와 베를린 학술원판 《칸트 전집》의 편집자주, 그리고 옮긴이주 세 가지로, 원서와 달리 후주로 처리했다. '해제'의 주는 모두 옮긴이주이나 이를 따로 표시하지는 않았다.

4. 《순수이성 비판》의 서문은 본래 이탤릭으로 되어 있으나 가독성을 위해 정체로 옮겼다. 원서에서 강조된 단어는 고딕 서체로 강조했다.

5. 원문을 좀더 분명하게 이해하는 데 도움을 주고자, 그러면서도 원문을 훼손하지 않도록 하기 위해서 옮긴이가 보충하거나 따로 설명한 부분은 〔 〕 안에 넣었다.

6. 주요 인명과 책명은 처음 1회에 한하여 원어를 병기했다.

7. 단행본, 잡지는 《 》로, 논문, 단편, 일간지는 〈 〉로 표시했다.

순수이성 비판 서문 | 차례

사람은 누구나 살아가면서 초로 붙여진 날개를 달고 하늘을 높이 날아오르다 태양의 열기에 녹아 바다로 추락한 이카로스의 운명을 한 번쯤 생각해보게 된다. 인간의 운명은 어쩌면 이카로스를 닮았는지도 모른다. 이 신화의 인물은 너무 높게 날 수도 없고, 그렇다고 너무 낮게 날 수도 없으며, 그저 높음과 낮음 사이에서 끝없이 날아야 하는 수고로움을 견뎌야 했으나 그 새는 자신의 날개가 안고 있는 위험을 깨닫지 못한 채 하늘 높이 오르다 스스로를 파멸시키는 비극에 이른다.

인간 역시 이카로스와 같은 비극을 수없이 겪어간다. 인간은 세계와의 대면에서 자신에게 스며드는 낯설음이 가져다주는 불안과 초조를 극복하기 위해, 자기와 세계 사이에 놓여 있는 거리를 좁히기 위해 부단히 노력하게 된다. 그러나 이것이 시간 속에서 좀처럼 실현되지 못할 때 그는 환상과 좌절의 유혹을 받게 된다. 그래서 함부로 다가서서는 안 되는 태양으로 비약하려고 하거나 서둘러 모든 것을 포기하고 심연으로 추락함을 스스로에게 허용한다. 그러나 이 두 길 모두 파국으로 치닫는 길일 수밖에 없다.

그래서 이마누엘 칸트Immanuel Kant는 이 양 극단의 길이 아니라 '사이의 길', '비판의 길'을 선택한다. 그는 이와 같은 정신에 입각하여 회의주의의 길도 독단주의의 길도 거부했으며, 끊임없는 비판 활동으로 '사이의 길'을 모색하고자 했다. 그는 신앙 절대주의나 이성 절대주의 어느 한쪽도 바람직하지 않다고 보았다. 그는 이성의 계몽을 노래할 때도 이성의 무력함이나 이성의 오만함을 경계했다. 그래서 그는 감성, 지성, 이성 중 어느 한 능력에 절대권을 허용하지 않았으며, 이론 이성과 실천 이성, 자연 세계와 도덕 세계 사이의 긴장을 놓치지 않았다. 나아가 그는 이 둘 사이를 조화시키기 위해 판단력의 반성적 기능을 매우 중시했다. 그는 이와 같은 태도에 입각하여 과학의 길, 도덕의 길, 예술의 길, 종교의 길, 이 모두가 각각 고유한 가치를 지니고 함께 할 수 있는 길을 모색했다.

칸트의《순수이성 비판》은 바로 이와 같은 정신이 담겨 있는 책이다. 그의 이 책은 눈에 보이지 않는 세계를 지나치게 이론적으로 증명하려고 한 기존의 모든 철학을 비판의 법정에 올려놓고 엄숙하게 심판하며, 나아가 보이는 세계에만 집착하는 경험적이고 실증적인 제반 철학도 엄정하게 심판한다. 그러므로 이 책의 생명은 '비판'이다.

비판 정신이 담겨 있는 그의 이 책은 칸트 당대에만 관심을 가진 책으로 끝난 것이 아니라 그 후에도 긍정적이든 부정적이든 부단히 우리의 철학하는 마음속에 고민을 안겨주는 책으로 자리잡았다. 대학을 다니거나 학문을 접해본 사람이라면 이 책의 제목을 어렵지 않게 떠올릴 것이다. 이 책은 일반 독자가 접하기에는 난해할 수밖에 없지만, 그의 철학이 서양철학에서, 또한 근대 이후 오늘날 우리의 철학에서 여전히 기본적인 배움의 대상이 되고 있다는 점에서 결코 무시해버릴 수 없다.

이 해설서는 바로 이와 같은 특징을 지니고 있는 칸트의 《순수이성 비판》을 소개하고자 하는 목적으로 쓰였다. 사실 철학을 조금이라도 공부한 사람이라면 이 책이 얼마나 중요한 저서인지 금방 감지할 수 있다. 왜냐하면 철학에서 일반적으로 사용되고 있는 용어나 이론의 많은 부분이 이 책에서 비롯되었기 때문이다.

그래서 철학의 길에 이제 막 들어선 초심자들도 이 책을 접해보려고 시도한다. 그러다가 이 책에 나오는 개념이나 이론 체계가 너무나 전문적이고 낯설어 결코 쉽게 읽을 수 없음을 금방 알아차리고 이 책을 좀더 쉽게 소개한 해설서를 찾아보려는 노력을 기울인다. 그러나 유감스럽게도 아직 우리에게는 그러한 해설서가 그다지 많지 않다.

이 작은 책은 바로 이와 같은 한국 철학계의 현실을 감안하여 철학의 초심자들에게 칸트의 《순수이성 비판》에 좀더 쉽게 접근할 수 있도록 안내하고자 한다. 더욱이 칸트 철학을 전문적으로 연구하는 학자들보다는 철학에 관심을 가지고 있는 일반 독자들이 읽어주길 바란다. 따라서 《순수이성 비판》의 아주 전문적인 내용을 분석하고 소개하는 차원이 아니라 전체적인 흐름과 그 흐름 속에서 제시되고 있는 일반적 메시지를 붙드는 것이 이 해설서의 목적이다. 그러므로 당연히 이 해설서는 칸트의 책과 관련하여 칸트 전문가들 사이에 논란이 되고 있는 내용을 다루지 않았으며, 아주 난해하고 논란이 많은 미세한 부분에 대한 자세한 분석도 생략했다.

이상과 같은 대원칙 아래 이 해설서가 본래 의도하고 있는 목적을 제대로 이루기 위하여 다음과 같은 절차를 따랐다.

우선 첫째, 이 해설서는 《순수이성 비판》의 전체 윤곽이 잘 드러나 있는 부분, 즉 '서문'과 '들어가는 말'을 중시해 일차적으로 초판과 재판의 '서문'과 '들어가는 말'을 다시 한 번 번역했다. 물론 이 부분을 옮기면서 기존의 칸트 번역에서 사용되던 용어를 다소 수정하기도 했다. 이 작업은 근래 몇 년 사이에 한국칸트학회에서 제기되었거나 일부 학자들이 새롭게 사용하고 있는 용어법을 따랐다.

둘째, 이 해설서는 텍스트 내부의 문제를 다루기 전에 텍스트와 관련된 외적 조건을 먼저 이해해보려고 했다. 그래서 칸트의 생애와 사상을 정리해보았고 이를 통하여 그의 이 텍스트가 어떤 위상을 지니는지를 드러냈다.

셋째, 이 해설서는 텍스트가 탄생하게 된 정치·사회적 배경과 학문적 배경을 고찰했다. 이로써 이 텍스트의 내적 의미를 보조적으로 드러낼 수 있는 여건을 마련했다.

넷째, 칸트 텍스트의 주요 내용을 분석하여 해설하고 있다. 이미 말했듯이 칸트 텍스트와 관련하여 복잡 미묘하게 논의되는 내용들을 생략하고 다만 큰 맥락에서 이 책의 흐름을 붙드는 데 목적을 두었다. 아울러 이 텍스트 속에 담겨 있는 저자의 의도를 제시해보았다. 그리고 본문에서 설명하기 어려운 부분은 주로 처리하여 좀더 자세히 설명했다.

다섯째, 칸트 텍스트가 후대의 철학에 끼친 영향과 계보를 간략하게 분석했다. 여기에서는 그의 텍스트가 철학사 속에 등장하는 많은 철학자들의 철학이론과 어떤 관계가 있었는지를 밝히는 데 주안점을 두었다.

여섯째, 칸트의 텍스트가 현대 철학에서 지니는 의의에 대해서 다루었다. 물론 이것에 대한 전문적인 논의는 가능한 한 축소하거나 제외시켰다.

이 해설서는 이상의 논의 과정을 통하여 철학의 초심자로 하여금 칸트의 이 책이 어떤 의미를 지니고 있으며, 또 이런 내용을 담고 있는 텍스트가 앞으로 어떤 기여를 할 수 있는가를 제시해보았다. 물론 이런 목적이 이 해설서로 완전히 실현될 수 있는 것은 아니다. 다만 철학에 관심을 가지고 있는 독자들에게 위대한 철학자의 고전에 좀더 가까이 다가갈 수 있는 기회를 제공하는 것으로 만족할 뿐이다.

끝으로 이 자리를 빌려 자그마한 해설서이지만 이 작업을 가능하도록 심적으로 많은 도움을 주신 경북대학교 철학과 선생님들에게 감사드리고 싶다. 그리고 출판계의 어려운 사정에도 불구하고 이 책이 출간될 수 있도록 도와주신 책세상 편집진에게도 감사드린다.

복현동 연구실에서
옮긴이 김석수

서문[1](초판)

인간의 이성[2]은 자신이 인식하는 어떤 종류에 있어서는 다음과 같은 특별한 운명을 지니고 있다. 즉 인간의 이성은 바로 이성 자신의 본성상 그 자체에 부여되어 있고 그래서 달리 피해볼 수도 없는 물음들로 인해, 더군다나 그러한 물음들이 자신의 모든 능력을 넘어서 있어 스스로 답할 수도 없기 때문에 괴로움을 겪게 된다.

이성이 이렇게 어려운 상황에 빠져들게 되는 것이 이성 자체의 책임은 아니다. 이성은 원칙에서 출발하며, 이 원칙들을 사용하는 것은 경험하는 과정에서 반드시 필요하며 동시에 이러한 경험을 통해 충분히 정당화된다. 이성은 이런 원칙들과 더불어 항상 더 높이 멀리 떨어져 있는 조건들로 거슬러올라가게 된다. (이와 같은 거슬러올라감은 이성 자신의 본성에서 나온다.) 그러나 물음은 결코 중단되지 않기 때문에, 이성은 이런 식으로 진행되어서는 자신의 작업이 언제나 미완결 상태에 머물러 있을 수밖에 없다는 것을 의식하게 된다. 그래서 이성은 모든 가능한 경험적 사용을 넘어서면서도 아마 보통의 인간 이성도 동의할 정도로 확실한 것처럼 보이는 원칙들로 도피하지 않을 수 없음을 알고 있다. 그러나 이성은 바로 이 때문에 혼미함과 모순에 빠지게 된다. 비록 이성은 그런 상황에서도 어디엔가 숨겨진 잘못이 근저에 놓여 있음을 간파해낼 수 있지만, 그 잘못을 들추어낼 수는 없다. 왜냐하면 이성이 사용하는 원칙들은 모든 경험의 한계를 넘어서 있으므로 더 이상 경험이 제시하는 그 어떤 시금석도 인정하지 않기 때문이다. 이렇게 끝없이 전개되는 논쟁의 싸움터를 바로 형이상학이라고 일컫는다.

한때는 형이상학이 모든 학문의 여왕이라 불리기도 했다. 그리고 만약 우리가 의지를 행위로 여긴다면, 형이상학은 자신이 취급하는 대상들의 특별한 중요성 때문에 마땅히 이런 여왕이라는 존칭을 받을 만하다. 하지만 이제 형이상학에 온갖 모욕을 표명하는 것이 시대의 유행이 되어버렸고, 그래서 늙은 귀부인이 되어버린 이 형이상학은 헤쿠바Hecuba처럼 쫓겨나 버림받고 탄식에 잠겨 있다. "나는 얼마 전까지만 해도 모든 사람 가운데 가장 힘센 자였고, 아주 많은 사위와 아들들이 떠받든 지배자였다. 그러나 이제 나는 조국에서 추방되어 의지할 데 없는 처지가 되었다"(Ovid, *Metam*, xiii, 508~510). 독단론자들의 통치 아래 있던 형이상학의 지배는 처음에는 전제적이었다. 그러나 그러한 입법에는 아직도 여전히 옛 야만의 흔적이 남아 있었기 때문에, 이 정부는 내란으로 점차 완전히 무정부 상태로 퇴락하게 되었다. 정착해서 땅을 경작하면서 살아가는 것을 전적으로 싫어하는 일종의 유목민들처럼 회의론자들은 이따금씩 시민 연합을 파괴시켰다. 그러나 다행스럽게도 회의론자들이 아주 드물었기 때문에, 그들은 저 독단론자들이 언제나 새롭게 다시 형이상학을 세우려는 것을 방해할 수 없었다. 이 시도가 독단론자들 사이에서 합의된 계획에 따른 것은 아니었지만 말이다. 근대에 이르러 (유명한 로크의) 인간 지성에 관한 일종의 생리학으로 이러한 논쟁들이 모두 종결되고, 또 형이상학에 관한 주장들이 지니는 정당성이 완전히 결정된 것처럼 보였다. 그러나 앞서 말한 형이상학이라는 여왕들의 출생은 우리가 일반적으로 지니고 있는 통속적인 경험이라는 천민에서 도출되었을 뿐이며, 따라서 그 여왕이라고 우쭐대는 것도 당연히 의심받을 수밖에 없다는 것이 명백해졌다. 그럼에도 불구하고 사실상 형이상학에 이러한 경험론의 계보가 잘못 덮어씌워졌다. 그래서 형이상학은 자신의 요구들을 계속해서 주장하게 되었고, 이로써 모든 것은 다시 낡고 부패한 독단론으로 빨려들어가 경멸 상태에 이르고 말았다. 사실 우리는 학문을 그런 상태에서 구출하려고 했었다. 그런데 (사람들이 믿는 것처럼) 모든 길이 헛되이 추구된 지금, 학문에는 혼돈과 어둠의 모체인 권태로움과 완전한 무관심주의가 압도하게 되었다. 하지만 이내 이와 같은 현상들은, 학문이 잘못 사용된 부지런함으로 인하여 어둡고 혼란스러워 사용할 수 없는 것이 되어버렸을 때, 장차 그것을 개조하고 계몽하는 원천, 적어도 서막이 된다.

즉 우리 인간의 본성과 결코 무관한 것이 될 수 없는 대상을 탐구하는 것들과 관련해서 억지로 무관심한 체하더라도 그것은 헛된 일이다. 또한 〔형이상학과 관련하여〕 저 헛된 무관심주의자들이 학술적인 용어를 통속적인 어조로 바꾸어놓음으로써 자신들을 알아보지 못하도록 위장하려고 한다 할지라도, 그들이 단지 무언가를 생각하는 한, 자신들이 대단히 경멸한다고 외쳤던 바로 저 형이상학적 주장들에 다시 빠져들지 않을 수 없다. 그러나 모든 학문이 번창하는 한가운데서 일어나는 이러한 무관심과, 아울러 이런 학문들과 관련하여 모든 학문 중에서 그러한 학문들에 대한 앎을 가장 적게 포기했던 무관심도 주의하여 반성해볼 만한 현상이다. 이러한 무관심은 분명 경솔함이 아니라, 거짓된 앎을 통해서 더 이상 질질 끌어갈 수 없다는 당시의 성숙된 판단력[3]에서 연유한다. 그리고 이런 무관심은 이성으로 하여금 스스로에게 부여된 일들 중에서 가장 어려운, 자기를 인식하는 일을 새로이 떠맡아 재판소를 설립할 것을 요구한다. 이 법정은 이성이 제시하는 자신의 정당한 주장들을 안전하게 보호해주지만, 반대로 모든 근거 없는 주장들은 힘 있는 자의 명령이 아니라 이성의 영구 불변한 법칙들로 제거할 수 있다. 이러한 재판소가 바로 순수이성 비판 그 자체인 것이다.

그러나 내가 이 비판이라는 것 아래 의미하고자 하는 것은 책이나 체계에 대한 이성이 아니라 모든 경험과 독립하여 이성이 추구하려는 모든 인식과 관련하여 이성 능력 일반에 대한 비판이다. 따라서 이 비판은 형이상학 일반의 가능성과 불가능성을 결정하고 그것의 원천뿐만 아니라 범위와 한계를 규정하는 것을 의미한다. 그러나 나는 이 모든 것을 원리에 따라 결정하고자 한다.

이제 나는 탐험되지 않고 유일하게 남은 이 비판의 길에서 출발하여 그동안 경험을 떠나 사용되었기 때문에 이성이 스스로 모순을 겪어야 했던 모든 잘못을 제거하고 안전한 길을 발견했다고 자위한다. 나는 이성의 이러한 물음들을 인간 이성의 무능력을 핑계 삼아 피하려고 하지 않는다. 오히려 나는 이러한 물음들을 원리에 따라 완전히 분류했으며, 그런 다음 이성이 이성 자신에 대해서 오해한 점을 찾아내어 이성 자신이 완전히 만족할 정도로 이 물음들을 해결했다. 정말이지 이러한 물음들에 대한 답변은 결코 독단적으로 공상에 빠져드는 지식욕이 기대할지도 모르는 결과가 되지는 않는다. 왜냐하면 그와 같은 지식욕은 내가 이해할 수 없는 마술을 통하지 않고는 달리 만족될 수 없기 때문이다. 그러나 이런 식으로 물음들에 대해서 답변을 찾는 것은 우리 이성이 결정하는 자연적 사명의 의도는 아니었다. 그리고 철학의 의무는 오해에서 발생한 속임수를 제거하는 것이었다. 비록 이 때문에 우리가 매우 찬미하고 애호하는 환상이 무너진다 하더라도 나는 신경 쓰지 않으려고 한다. 나는 이런 일에 종사하면서 나의 주된 목표를 주도면밀하게 완수해냈으며, 그래서 나는 해결되지 않거나 적어도 문제를 해결하기 위한 열쇠가 제공되지 않는 형이상학적 문제는 단 하나도 없을 것임을 과감하게 주장하고자 한다. 사실 순수이성도 아주 완벽한 하나의 통일체이다. 그래서 이 이성의 원리가 이성 자신의 본성이 자신에게 부과한 이 모든 문제 중 단 하나의 문제에 대해서라도 답을 제시하기에 불충분하다면, 우리는 이 원리를 계속해서 거절해도 될 것이다. 왜냐하면 그와 같은 원리는 나머지 다른 문제들 중 그 어떤 문제들을 다룰 경우에도 더 이상 충분히 신뢰할 만한 답을 제시해주지 못할 것이기 때문이다.

이런 주장을 하는 과정에서 나는 독자의 얼굴에 겉으로는 아주 거만하고 불손해 보이는 내 주장에 대해서 경멸 섞인 불쾌감이 나타나는 것을 감지해낼 수 있을 것이다. 그럼에도 불구하고 내가 하는 이런 주장은, 가령 영혼의 단순한 본성이나 세계의 시초가 불가피함을 입증한다고 내세우는 가장 통속적인 계획을 입안한 모든 사람의 주장과는 비교가 안 될 정도로 적절하다. 왜냐하면 이들이 가능한 경험의 모든 한계를 넘어서 인간의 인식을 확장시킬 것을 자청해서 떠맡는 반면, 나는 겸허하게 이것이 내 능력을 완전히 넘어서는 것임을 고백하고자 하기 때문이다. 그래서 나는 이들과는 달리 이성 자체와 그것의 순수 사유에만 관계해야 한다. 나는 그러한 것들에 대한 주도면밀한 앎을 얻기 위해 나를 벗어나 멀리 나아갈 필요가 없다. 왜냐하면 나는 나 자신 안에서 그러한 것들을 만나기 때문이다. 또한 일반 논리학4은 이미 이성의 모든 단순한 작용들이 어떻게 완전히 체계적으로 헤아려질 수 있는지에 관한 예를 제공해준다. 단지 여기서 탐구되어야 하는 것은 경험의 모든 재료와 원조자가 제거되었을 때 내가 이성에 의해서 어느 정도 어떤 것을 수행해내기를 기대할 수 있는가 하는 점이다.

각각의 목적을 실현할 때의 완전성과 모든 목적을 한꺼번에 실현할 때의 주도면밀함, 이 둘은 모두 자의적인 기획이 아니라 우리의 비판적 탐구의 소재가 되는 것으로 인식 자체의 본성이 우리에게 부과하는 것이다.

이러한 비판적인 탐구 형식에 관계하는 확실성과 명료성이라는 두 가지 요소는 여전히 아주 위험한 기획을 감행하는 입안자에게 정당하게 행할 수 있는 본질적 요구로 여겨진다.

그런데 확실성과 관련하여 나는 나 자신에게 다음과 같은 판단을, 즉 이런 종류의 탐구에서 사적 의견을 주장하는 것이 결코 허용되어서는 안 된다는 점을 주장해왔다. 그래서 단지 가설 수준에 머물러 있는 것으로 여겨지는 모든 것은 판매되어서는 안 되는 물건이다. 이러한 물건은 아무리 낮은 가격에도 매매되어서는 안 되며, 그러한 물건은 발견되자마자 몰수되어야 한다. 왜냐하면 선험적 a priori[5]으로 확립해야 하는 모든 인식은 그것이 오로지 완전히 필연적인 것으로 여겨져야 할 것임을 알리고 있기 때문이다. 게다가 이러한 것은 모든 순수한 선험적 인식을 결정하는 데 훨씬 더 많이 적용된다. 왜냐하면 그러한 결정은 모든 명증적(철학적)인 확실성의 표준적인 척도로, 따라서 그러한 것에 하나의 모범이 되는 예로 이바지하도록 해야 할 것이기 때문이다. 그런데 이 요소, 즉 확실성에 대해 내가 떠맡았던 것을 제대로 수행했는지는 전적으로 독자의 판단에 맡겨야 한다. 왜냐하면 그것의 근거들을 제시하지만, 그렇게 제시된 것을 판단하는 위치에 있는 사람들, 즉 독자들에게 미치는 결과에 관해서는 판단하지 않는 것이 저자인 나에게 어울리기 때문이다. 그러나 저자에게는 자신이 주장한 논변들이 허약한 원인이 자기 자신에 있지 않음을 밝히기 위해, 비록 우발적이지만 어느 정도 불신을 일으킬 수 있는 문장에 주목할 수 있는 기회가 허용되어야 한다. 이렇게 되면 우리는 이러한 점들과 관련하여 독자가 조금이라도 지니게 될 의심이 주요 목적을 고려해 판단하는 데 미치게 될 영향을 제때 저지할 수 있을 것이다.

내가 알기로는 우리가 지성이라고 일컫는 능력을 구명하고 동시에 그 지성의 사용 규칙과 한계를 규정하기 위해서는 순수 지성[6] 개념[7]의 초월적[8] 연역[9]이라는 제목 아래 속해 있는 초월적 분석론[10]의 제2장에서 제시했던 것을 탐구하는 것이 가장 중요하다. 또한 이 탐구를 위해서 나는 엄청난 노력의 대가를 치렀다. 그러나 내가 기대했듯이 그러한 탐구를 위해 내가 치른 노력은 결코 헛된 것이 아니었다. 어느 정도 깊이를 갖고 기초가 세워져 있는 이런 탐구에는 두 가지 측면이 있다. 한 측면은 순수 지성의 대상들에 관계하여, 그러한 지성의 선험적 개념들이 지니고 있는 객관적 타당성을 제시하고 파악하려는 것이었다. 바로 이 때문에 이 전자의 측면을 고찰하는 것은 또한 나의 목적에 본질적인 요소가 된다. 또 다른 한 측면은 순수 지성 자체를, 그것이 바탕을 두고 있는 가능성과 인식 능력에 따라 탐구하는 것에서 출발하는 것이다. 따라서 이 측면은 순수 지성 자체를 주관적 관계 속에서 고찰하는 것이다. 비록 내가 주 목적으로 삼고 있는 관점에서 볼 때 이 후자를 해명하는 것은 대단히 중요하기는 하지만, 나의 주 목적에 본질적인 부분이 되지는 못한다. 왜냐하면 나에게 여전히 주요한 문제로 남는 것은 지성과 이성이 모든 경험에서 벗어나 얼마나 많이 무엇을 인식할 수 있는가 하는 것이지, 사유할 수 있는 능력 자체가 어떻게 가능하냐가 아니기 때문이다. 말하자면 후자는 주어진 결과에 대한 원인을 탐구하는 것이기 때문에, 그런 한에서 그것은 그 자체로는 가설과 유사한 형태를 띤다. (물론 내가 다른 곳에서 제시하려고 하듯이, 사실은 그것이 그런 상태에 놓여 있는 것은 아니다.)
그래서 마치 내가 나의 사적인 견해를 수용하는 경우처럼 보
이고, 독자도 자유로이 다른 사적인 견해를 표현하는 것을 허
용하는 것처럼 보인다. 이러한 점을 고려해볼 때 나는 독자에
게 다음과 같은 사실을 상기시킴으로써 그의 비판을 예방하
려고 한다. 비록 주관적 연역의 경우에는 내가 기대하는 완전
한 확신을 산출할 수 없었다 할지라도, 내가 여기서 주로 관
심을 갖고 있는 객관적 연역의 경우에는 매우 강력한 효력을
미친다. 92쪽에서 93쪽까지 주장되었던 것[11]만으로도 이러
한 문제에 관해서는 충분할 것이다.

　　마지막으로 명석함과 관련하여 독자에게는 먼저 개념을 통
하여 논의적(논리적) 명료함을 요구할 권리가 있으며, 다음으
로 직관[12]을 통하여, 즉 예나 다른 구체적인 해명들을 통하
여 직관적(감성적인) 명료함을 요구할 권리가 있다. 나는 전
자에 대해서는 충분히 고려했다. 그것은 나의 기획에 필수적
인 요소였다. 그러나 이것은 또한 내가 두 번째의 그다지 엄
밀하지는 않지만, 그래도 아주 합당한 요구를 정당하게 행사
할 수 없는 예상치 않은 원인이 되었다. 나는 작업을 해나가
는 과정에서 이 문제를 어떻게 다루어야 할 것인가에 대해서
거의 계속적으로 결론을 내리지 못하고 머뭇거리고 있었다.
예와 해명들이 나에게는 항상 필요한 것처럼 여겨졌고, 따라
서 실제로 나의 초고에서는 요구되는 적절한 자리에 그것들

을 배치했다. 하지만 나는 내가 다루어야 할 과제가 대단하고 내가 관계해야 할 대상들의 양이 다양함을 곧 알게 되었다. 그리고 이 과제와 연구 대상들을 무미건조하고 순전히 스콜라적인 형태로 다루는 것만으로도 이미 책의 부피를 매우 두껍게 만들 것임을 알고 있었기 때문에, 통속적 관점에서만 필요한 예나 해명들로 또다시 책을 부풀린다면 그것은 적합하지 않다는 것을 나는 알고 있었다. 특히 나의 이와 같은 작업은 이런 통속적인 사용에는 결코 적합할 수 없을 것이다. 본래 학문에 정통한 사람이라면 이러한 편리함으로서의 통속화가 필요하지 않을 것이다. 물론 이러한 통속화는 언제나 우리의 기분을 즐겁게 해주는 것은 사실이지만, 오히려 목적에 반하는 역효과를 산출할 수도 있다. 테라손Terrason[13] 수도원장이 주장하듯이 우리가 한 권의 책이 위대함을 그 책의 쪽수가 아니라 그 책을 이해하는 데 소요되는 시간으로 측정한다면, 우리는 많은 책에 관해 이렇게 말할 수 있을 것이다. 그 책이 너무 짧지 않았다면, 오히려 그 책은 훨씬 더 짧아졌을 것이다. 즉 책 쪽 수를 줄이기 위해서 책을 너무 짧게 쓰게 되면 그 책을 이해하는 데 더 많은 시간이 걸리게 되어 결국 그 책을 더 두껍게 만드는 꼴이 된다. 그러나 다른 한편 우리가 광범위하지만 하나의 원리에 통일되어 있는 사변적 인식의 전체를 파악하는 것을 목적으로 한다면, 우리는 아주 당연히 많은 책은 스스로 너무 명료해지려고 하지 않았다면, 오히려 훨씬 더 명료해졌을 것이다라고 주장할 수 있을 것이다. 왜냐하면 명료함에 대한 도움들은 부분적으로는 도움이 되지만, 우리가 전체를 파악하는 데는 종종 혼란스럽게 하기 때문이다. 그러한 도움들은 독자들로 하여금 그다지 신속하게 전체를 조망하지 못하게 하며, 뜻을 해명하기 위해 제시하는 내용물의 밝은 채색은 오히려 체계의 연결 구조와 조직을 덮어씌워 알지 못하게 만든다. 그런데 우리의 주된 관심사는 이 체계가 지니고 있는 통일성과 견고성을 판단할 수 있는 능력이다.

내가 생각하기에 저자가 여기서 제시된 기획에 따라 완벽하고 지속적인 방식으로 위대하고도 중요한 작업을 완수해 내려면, 독자는 저자의 그러한 노력을 자신의 노력과 하나로 통일시키고자 하는 것을 적지 않은 유혹으로 느끼게 될 것이다. 우리가 여기서 채택하게 된 생각에 따르면 형이상학은, 모든 학문 중에서 비록 짧은 시간이지만 그리고 또한 미약하지만 통일된 노력으로 완성을 기약할 수 있는 모든 학문 중에서 유일한 학문이다. 그래서 우리의 후 세대들에게 남겨지게 되는 것은 바로 교수법에서 각자가 의도하는 바에 따라 모든 것을 정리하는 것이다. 그러나 그로 인해 내용이 조금이라도 더 늘어나는 상태가 되어서는 안 된다. 왜냐하면 그것은 순수이성을 통해 우리가 점유한 모든 것에 대한 목록, 즉 체계적으로 정리된 목록일 뿐이기 때문이다. 여기에서는 아무것도 우리를 벗어날 수 없다. 왜냐하면 이성이 자기 자신에게서 산출하게 되는 것은 우리가 그것의 공통의 원리를 발견하자마자, 숨겨질 수 없고 이성을 통해 스스로 드러나게 마련이기 때문이다. 이와 같은 종류의 인식의 완전한 통일은, 더군다나 경험에서 나온 어떤 것이나 특정한 경험으로 이끌 수밖에 없는 특수한 직관, 가령 이러한 인식을 확장시키거나 증대시키는 직관 같은 것이 전혀 개입하지 않고 오로지 순수한 개념에서 이루어진 통일은 이러한 무조건적인 완결성을 가능하게 만들 뿐만 아니라 필연적이게 한다. "너 자신의 집에 머물러 있어라. 그러면 너는 너의 재산 목록이 얼마나 단일하게 통일되어 있는지를 인식할 수 있게 될 것이다."14

나는 순수 (사변) 이성의 이러한 체계를 자연형이상학15이라는 제목 아래 내놓고자 한다. 이것은 현재의 이《비판》(《순수이성 비판》을 말한다—옮긴이주)에 비해 분량이 절반도 되지 않지만, 그 내용은 비교할 수 없을 정도로 풍부하다. 현재의 이《비판》은 자연형이상학의 가능성의 원천과 조건들을 가장 우선적으로 제시해야 했고, 너무나 무성하게 잡초가 자란 지반을 깨끗하고도 평탄하게 만들어야만 했다. 여기 이《비판》에서는 나는 나의 독자에게 재판관으로서 지녀야 할 인내심과 공정성을 기대한다. 그러나 다른 한편으로는, 즉 자연형이상학의 체계라는 차원에서는 협조자로서의 호의와 원조를 기대한다. 왜냐하면 체계에 대한 모든 원리가 이《비판》에서 아무리 완벽하게 제시되었다 하더라도 체계 자체가 주도 면밀하기 위해서는 그 어떤 파생적 개념들도 결여되어 있어서는 안 되기 때문이다. 이 파생적 개념들은 선험적으로 어림잡아 헤아릴 수 있는 것이 아니고 점차 찾아져야 한다. 마찬가지로 《비판》에서는 개념들의 완전한 종합이 빠짐없이 완결되었기 때문에 여기에서는, 즉 자연형이상학에서는 이것 외에 개념들을 분석하는 것과 관련해서도 바로 그와 같은 작업이 이루어져야 한다. 그러나 이러한 분석은 대단히 쉬운 일이어서 노동이기보다는 오히려 오락에 불과하다.

나는 인쇄와 관련하여 여전히 고려되어야 할 몇 가지만 말하고자 한다. 인쇄가 다소 지연되었기 때문에, 나는 겨우 교정 인쇄의 절반 정도를 볼 수 있었다. 물론 그중에는 잘못 표기된 것도 발견할 수 있었다. 그러나 그것들은 379쪽 아래에서 넷째 줄에 spezifisch(특정한)라고 해야 할 것을 skeptisch(회의적)라고 한 경우를 제외하고는 의미를 혼란스럽게 할 정도로 잘못 표기된 것은 아니었다. 425쪽에서 461쪽까지 나오는 순수이성의 이율배반은 표의 방식에 따라서 항상 정립 쪽에 속하는 것은 모두 왼쪽에, 반정립 쪽에 속하는 것은 모두 오른쪽에 오도록 배치했다. 내가 이렇게 한 것은 명제와 반명제가 서로 더 쉽게 비교될 수 있도록 하기 위해서였다.

서문[16](재판)

이성이 하는 일에 속하는 인식을 다루는 작업이 학문의 안전한 길을 걸어왔는지 그렇지 않은지는 그 결과로 쉽게 평가할 수 있다. 그러한 작업이 많은 준비와 채비 후에 이내 목적에 이르자마자 어려움에 빠지게 되거나 아니면 이러한 목적에 이르기 위해 종종 되돌아와 다른 길을 감행해야 한다면, 또는 여러 공동 참여자들이 공동의 의도가 결실을 얻을 수 있는 방식에 대해 동의할 수 없다면, 우리는 항상 이러한 연구가 아직도 학문이 나아가야 할 안전한 길에 진입하지 못하고 그저 헤매고 있을 뿐이라고 확신할 수 있다. 사실 이런 안전한 길을 찾도록 해주는 것만으로도 이미 그것은 이성에 이바지하는 것이다. 물론 이때 많은 것이 헛된 것으로 포기되어야 한다. 그와 같은 것들은 원래 숙고하지 않고 설정한 목적에 포함되어 있었던 것이다.

논리학이 이런 안전한 길을 이미 고대 시대부터 걸어왔다는 것은 그것이 아리스토텔레스 이래로 단 한 번도 퇴보하지 않았다는 사실에서 명백하다. 정말이지 우리가 없어도 되는 미세한 몇몇 부분들을 제거하거나 다루어온 내용을 좀더 명료하게 규정하는 것을 굳이 개선이라고 생각하지 않는다면, 이 같은 주장은 타당한 것이다. 사실 이러한 작업들은 학문의 안전성에 속하기보다는 우아함에 속하는 것이다. 한편 논리학에서 지금까지 단 일보의 전진도 없었고, 따라서 어느 면에서 보더라도 그것은 닫혀 있고 완결되어 있는 듯이 보인다는 점 역시 우리에게는 여전히 주목할 만한 가치가 된다. 근세의 몇몇 사람들이 부분적으로는 서로 다른 인식 능력들(상상력이나 재치 등)에 관한 심리학의 장章을 삽입함으로써, 또는 객체들의 상이성에 따라 인식의 원천이나 상이한 종류의 확실성(관념론이나 회의론 등)에 관한 형이상학의 장을 삽입함으로써, 또한 선판단(그것의 원인과 대책)에 관한 인간학의 장을 삽입함으로써 논리학을 확장시키고자 했다면, 이것은 그들이 논리학이라는 학문이 지니고 있는 고유한 본성을 제대로 알지 못한 데서 연유한다. 우리가 학문들의 한계를 서로 뒤섞게 된다면, 그것은 학문을 확대하는 것이 아니라 불구로 만드는 것이다. 그러나 논리학의 한계는 아주 정확하게 규정되어 있다. 왜냐하면 논리학은 모든 사유의 형식적 규칙 외에 그 어떤 것도 결코 주도면밀하게 제시하지 않으며 또 엄격하게 입증하지도 않는다. (물론 이때의 사유는 선험적일 수도 있고 경험적일 수도 있으며 어떤 객체나 기원을 가질 수도 있다. 그리고 이와 같은 사유는 우리의 마음에서 우연한 장애물로 만날 수도 있고 자연스러운 장애물로 만날 수도 있다.)

논리학이 이렇게 훌륭하게 성공을 거둘 수 있었던 것도 그것이 오로지 자신의 한계를 고유하게 설정하는 제한성 덕분이다. 바로 이러한 제한성으로 인하여 논리학은 정당하게 인식의 모든 객체와 그것들 사이의 차이를 추상할 수 있으며, 또 그렇게 할 수밖에 없다. 따라서 논리학에서 지성은 자기 자신과 자신의 형식 외에 더 이상 다른 어떤 것에도 관계하지 않는다. 그러나 물론 이성이 학문의 확고한 길에 접어든다는 것은 훨씬 더 어렵다. 왜냐하면 이성은 자기 자신뿐만 아니라 객체와도 관계해야 하기 때문이다. 따라서 예비학으로서의 논리학은 단지 학문의 출입구가 될 뿐이다. 그리고 인식에 관계하게 될 때, 우리는 그러한 인식을 평가하기 위하여 논리학을 전제하지만, 그러한 인식을 현실적으로 획득하기 위해서는 이른바 고유하고도 객관적인 학문에 주목해야 한다.

그런데 이런 학문 안에 이성이 존재할 수밖에 없는 한, 그 안에서 선험적인 어떤 것이 인식되어야 할 것이며, 이성의 이러한 인식은 두 가지 방식으로 자신의 객체에 관계할 수 있다. 즉 이러한 인식은 한편으로는 객체와 (다른 어딘가에서 주어져야 하는) 그것의 개념을 규정하는 것에만 관계하고, 다른 한편에서는 그것을 현실화시키는 것에 관계한다. 전자는 이성의 이론적 인식이며, 후자는 이성의 실천적 인식이다. 이 두 인식 중에서 이성이 완전히 선험적으로 자신의 객체를 결정하는 부분, 즉 순수한 부분은—이 부분이 포함하는 정도가 많든 적든—우선 별도로 분리되어 다루어져야 한다. 그래서 이 부분은 다른 원천들에서 나온 것들과 뒤섞이지 않도록 해야 한다. 왜냐하면 들어온 것을 함부로 지출해서 나중에 경제가 어려움에 처했을 때, 수입의 어느 부분이 그러한 지출을 부담해낼 수 있고, 또 그중 어느 부분이 절약되어야 하는지를 식별할 수 없게 되면, 결국 나쁜 경제가 되고 말 것이기 때문이다.

수학과 물리학은 이성이 참여하는 두 가지 이론적 인식이다. 이것들은 자신들의 객체를 선험적으로 결정해야 한다. 수학은 그렇게 할 때 완전히 순수하지만, 물리학은 적어도 부분적으로 순수하다. 그래서 물리학의 경우는 이성 외의 다른 인식의 원천에 따라서 결정하기도 한다.

수학은 인간 이성의 역사가 미치는 한 가장 초창기 시대에서부터 존재했던 것으로, 그리스인이라는 경탄할 만한 민족에서 출발해 학문의 안전한 길을 걸어 지금까지 이르고 있다. 그러나 우리는 이성이 단지 자기 자신하고만 관계하는 논리학에서처럼 수학에서도 저 평탄한 길을 발견하거나 아니면 개척하는 것이 쉽다고 생각해서는 안 될 것이다. 오히려 내가 생각하기에 수학은 (특히 이집트인들 사이에서는) 오랫동안 암중모색하는 상태에 머물러 있었다. 그리고 이러한 변형도 단 한 사람의 운 좋은 사유가 이룩한 혁명에 기인한다. 그래서 이후로는 우리가 취해야 할 궤도에서 더 이상 벗어나지 않았으며, 학문이 나아가야 할 안전한 행보가 모든 시대에 걸쳐 무한한 범위에까지 뻗어나가 뚜렷하게 길을 마련했다. 산맥 기슭마다 나 있는 구릉들을 돌아가는 길을 발견하는 것보다 훨씬 더 중요한 것인 사유 방식에서의 이러한 혁명의 역사와 그 혁명을 수행한 운 좋은 자의 역사는 우리에게 보존되어 있지 않다. 그러나 기하학적 논증들 중 가장 간단하고 일반적인 판단에 의거해서 볼 때 전혀 증명이 필요하지 않은 요소들에 관해 명목상 그것들을 발견한 자로 불리는 라에르트 출신의 디오게네스Diogenes가 우리에게 전해준 전설에 의하면, 이와 같이 새로운 길을 발견하는 최초의 흔적을 통해서 일어나게 된 변화에 대한 기억은 수학자들에게 가장 중요한 것으로 여겨졌음이 틀림없고, 따라서 잊혀질 수 없는 것이 되었다. 최초로 이등변삼각형을 증명한 사람에게 (그가 탈레스이건 어떤 다른 사람이건) 빛이 열렸다. 왜냐하면 그는 도형에서 보았던 것이나 도형에 관한 단순한 개념만을 추적하는 것이 아니라, 이를테면 도형의 고유한 성질을 익히는 것이 아니라, 그가 개념 자체에 의해서 선험적으로 깊이 사유해 제시한 것을 통해서 (즉 구성을 통해서) 도형을 산출해야 한다는 것을 알아냈기 때문이다. 그리고 그는 어떤 것을 확실히 선험적으로 알기 위해, 자신이 개념에 맞게 스스로 사물 안에 집어넣은 그것에서 필연적으로 도출되는 것 외에 아무것도 사물에 덧붙여서는 안 된다.

자연과학이 학문의 길에 들어서는 데는 수학보다 훨씬 긴 시간이 걸렸다. 왜냐하면 한편에서는 명민한 베루람의 베이컨의 제안으로 이런 발견이 이루어지고, 또 다른 한편 우리가 그런 발견을 할 수 있는 징후 내지 단서를 가진 상태에서 그러한 발견이 더 활기를 얻게 된 것은, 단지 1세기 반 정도밖에 되지 않았기 때문이다. 자연과학에서의 이런 발견도 수학에서와 마찬가지로 빨리 앞서 진행된 사유 양식의 혁명을 통해서 설명될 수 있다. 나는 여기서 경험적 원리들에 기초하고 있는 범위 내의 자연과학에 대해서만 고려하고자 한다.

갈릴레이가 자신이 정선한 무게로 공을 경사진 평면 아래로 굴러가게 했을 때, 또 토리첼리E. Torricelli가 먼저 측정하여 자신이 알게 된 물기둥의 무게와 비슷한 무게를 공기가 지니도록 만들었을 때, 또는 이들보다 훨씬 뒤에 슈탈G. E. Stahl이 금속을 석회로 변화시키고 그리고 또 석회를 빼기도 하고 더하기도 하면서[17] 다시 금속으로 변하게 했을 때, 모든 자연 탐구자에게 광명이 열렸다. 그들이 파악한 바에 따르면 이성은 자기 자신이 자신의 기획에 의하여 생산해낸 것만을 통찰한다. 그래서 이성은 항구적인 법칙에 따라 자신의 판단이 지니고 있는 원리들과 더불어 출발하여 자연[18]이 이성 자신의 물음에 답하도록 만든다. 그러므로 이성은 걸음마하는 아기가 줄에 이끌려 걷듯이 단순히 자연의 인도만 받는 것은 아니다. 그렇지 않으면 앞서 기획된 어떤 계획에도 따르지 않고 우연히 행해진 관찰들은 이성이 찾고 필요로 하는 필연적 법칙과 결코 연결될 수 없기 때문이다. 이성은 자신의 한쪽 손에 원리들을 지니고 있으며, 이 원리들에 의거해서만 하나로 통일되는 현상들을 법칙으로 간주할 수 있다. 그리고 이성은 다른 손에는 실험을 들고서 바로 원리들을 좇아서 자연으로 나아간다. 물론 이것은 자연에서 배우기 위함이다. 그러나 이러한 배움은 교사가 의도하는 모든 것을 말하게 되는 학생의 자격에서가 아니라 제시한 물음에 증인이 답하도록 강제할 수 있는 임명된 재판관의 자격에서 이루어지는 것이다. 그래서 심지어 물리학의 사유방식도 다음과 같은 착상 덕분에 아주 유익한 혁명을 감행하게 되었다. 즉 물리학은 이성 자신이 자연 속에 집어넣은 것을 좇아서, 자신이 이런 자연에서 배워야 하고 혼자서는 전혀 알 수 없었던 것을 (자연을 날조함이 없이) 자연에서 찾아내려고 했다. 바로 이와 같은 것을 통해 자연과학은 먼저 학문의 안전한 길에 진입하게 된다. 사실 지난 수세기 동안 자연과학에는 단순히 더듬어서 돌아다니는 암중모색만이 있었을 뿐이다.

완전히 분리되어 고립되어 있는 사변적 이성 인식에 관계하는 학문인 형이상학은 경험의 가르침을 완전히 넘어서며,

그것도 (수학처럼 개념을 직관에 적용함을 통해서가 아니고) 순전히 개념을 통해서만 그렇게 하고자 한다. 따라서 여기에서는 이성 스스로가 자기 자신에게 배우는 학생이 되어야 한다. 이런 바탕이 입각하고 있는 형이상학의 운명은 지금까지는 학문의 안전한 길에 들어설 수 있었을 만큼 그렇게 운이 좋은 편이 아니었다. 비록 형이상학의 역사는 다른 모든 학문보다 오래되었지만, 유감스럽게도 운이 나빴던 것이다. 물론 모든 것을 파멸로 이끄는 야만주의의 심연이 나머지 다른 학문을 모두 집어삼켜버리더라도 이 형이상학이라는 학문은 여전히 남아 있게 될 것이다. 왜냐하면 이 형이상학이라는 것에서는 가장 일상적인 경험으로도 확증되는 그러한 법칙을 (감히 스스로가 장담하듯이) 선험적으로 통찰하려고 할 때조차도 바로 그 이성은 끊임없이 궁지에 빠져들기 때문이다. 이 형이상학이라는 학문에서 우리는 헤아릴 수 없을 정도로 걸어온 길을 되돌아가야 한다. 왜냐하면 우리는 우리가 가려고 했던 곳으로 길이 통해 있지 않음을 알기 때문이다. 그리고 형이상학을 신봉하는 자들이 자신들의 주장들에 통일성을 확립하는 것과 관련해서 볼 때 그들 주장들은 서로 너무 멀리 떨어져 있어서 형이상학이라는 학문은 오히려 싸움터가 되고 만다. 이 싸움터에서는 각자가 자신의 힘을 발휘하는 것이 본래부터 확고하게 결정되어 있는 것처럼 보이지만, 아직까지 그 어느 전사도 최소한의 땅조차 싸움을 통하여 쟁취하지 못했으며, 자신의 승리에 기초하여 지속적으로 점유할 바탕을 마련하지 못했다. 따라서 명백히 지금까지의 형이상학의 방법은 더듬고 돌아다니는 정도에 머물러 있었으며, 게다가 아주 불행하게도 그것은 단순한 개념들 아래서 헤매는 상태였다.

그런데 형이상학의 이런 영역에서 학문의 안전한 길이 발견될 수 없었던 연유는 도대체 어디에 있는가? 아마도 형이상학에서는 학문의 안전한 길이 불가능할 것인가? 그렇다면 자연은 무엇 때문에 우리의 이성에게 그 이성이 자신에게 놓여 있는 가장 중요한 일 중 하나로 학문의 안전한 길을 매진하도록 쉼없이 노력하게 했는가? 게다가 이성이 우리 지식욕의 가장 중요한 부분들 중의 한 부분에 빠져 있도록 내버려두고 그럴듯하게 보이도록 현혹하여 결국 우리를 기만한다면, 우리가 우리의 이성에 믿음을 보내야 할 이유가 전혀 없지 않은가? 아니면 우리가 지금까지 학문의 안전한 길을 그저 발견할 수 없는 상황이었다면, 새로운 탐구로 우리보다 앞서 있었던 다른 사람들, 즉 선조들이 운이 좋았던 것보다 더 운이 좋을 수 있기를 희망하기 위해 우리는 어떤 징표를 이용할 수 있겠는가?

나는 단 한 번 갑작스럽게 이루어진 혁명을 통하여 지금과 같은 모습이 된 수학과 자연과학의 예는, 자신들에게 아주 유익하게 된 사유 양식의 변화가 지닌 본질적 요소를 심사숙고하기 위해 주목할 만한 가치가 있다고 생각한다. 그리고 이성의 인식으로 이 두 학문에 형이상학과 비교하는 것이 허용되는 한 형이상학에서 두 학문은 최소한 모방을 시도하기 위한 모델로 주목할 만하다. 지금까지 우리는 우리의 모든 인식이 대상에 따라야 한다고 가정해왔다. 그러나 개념을 통해 대상들에 관한 우리의 인식을 확장시켜주는 어떤 것을 선험적으로 구성하려는 모든 시도는 이러한 전제, 즉 대상에 따라야 한다는 전제 아래서는 무너지고 말았다. 따라서 우리는 형이상학의 과제에서 대상이 우리의 인식에 따라야 한다고 생각하는 것이 오히려 더 성공적이지 않을까 하고 시도해보고자 한다. 이렇게 하면 이미 대상을 선험적으로 인식하는 데 요구되는 가능성과 더 잘 들어맞는 상태가 될 것이다. 이것은 대상이 우리에게 주어지기 전에 대상에 관해 확정짓는 형태가 된다. 이것은 코페르니쿠스의 최초의 사상과 사정이 흡사하다. 그가 모든 별무리는 관찰자의 주위를 돌고 있다고 가정했을 때 천체 운동을 제대로 설명하지 못했다. 그래서 그 후 그는 관찰자 자신이 돌고 그에 반해 별들이 고정되어 있다고 가정하면 오히려 더 성공적이지 않을까 하고 생각하여 반대로 시도해보았다. 이제 형이상학에서 우리는 직관이 대상에 관여하는 것과 관련하여 이와 같은 방식으로 시도해보고자 한다. 직관이 대상의 성질에 따라야 한다면, 나는 우리가 대상의 성질에 관해 선험적으로 어떤 것을 알 수 있는지 통찰할 수 없다. 오히려 (감각의 객체로서) 대상이 우리의 직관 능력의 성질에 따라야 한다. 그렇게 될 경우에 나는 이러한 가능성, 즉 대상의 성질을 선험적으로 잘 알 수 있음을 완전히 제대로 떠올릴 수 있다. 그러나 이런 직관들이 인식이 되어야 한다면 나는 직관에 머물러 있을 수 없다. 오히려 표상으로서의 직관을 대상 외의 다른 어떤 것에 관련시켜야 하고 대상을 표상을 통해 규정해야 한다. 그래서 나는 내가 이렇게 규정하는 데 도움을 준 개념과 관련하여 두 가지 가정을 해볼 수 있다. 하나는 개념이 대상에 따르는 경우인데, 그러나 이 경우는 내가 대상에 관해서 어떻게 선험적으로 인식할 수 있느냐의 문제와 관련하여 직관이 대상에 따르는 경우와 마찬가지로 어려움에 처하게 된다. 다른 하나는 대상이나, 아니면 같은 것이지만 그 대상이 (주어진 대상으로) 인식될 수 있는 경험이 이러한 개념들을 따르게 되는 경우이다. 나는 이 경우의 결과가 더 희망적임을 알게 된다. 이 경우에는 경험 그 자체가 지성이 요구하는 종류의 인식이 되기 때문이다. 이런 종류의 인식은 지성의 규칙을 대상이 나에게 주어지기 전에 내가 내 안에서, 따라서 선험적으로 전제해야만 한다. 그러므로 이 규칙은 개념 안에서 선험적으로 표현된다. 따라서 경험의 모든 대상은 필연적으로 이 개념에 따라야 하며, 이 개념과 일치해야 한다. 대상들과 관련해서 볼 때, 이 대상들 중에는 오로지 이성을 통해서만, 그것도 필연적으로 사유되지만, (적어도 이성이 그것들을 사유하는 그대로) 경험에서는 전혀 주어질 수 없는 대상도 있다. 그런 한에서 대상을 사유하려는 시도는 (어쨌든 우리가 이런 대상을 사유할 수 있기 때문에) 나중에 우리가 사유 방식의 변화된 방법으로 수용한 것, 이른바 우리가 사물들에 관해서 우리 자신이 그 사물들에 집어넣은 것만을 선험적으로 인식할 수 있다는 것에 관해서 훌륭한 시금석을 제공해줄 것이다.[19]

이러한 시도는 우리가 바라는 대로 성공하여 형이상학의 그 첫 번째 부분과 관련하여 학문의 안전한 길을 약속해줄 것이다. 형이상학의 그 첫 번째 부분은 선험적인 개념에 종사하며, 이런 개념에 대응하는 대상은 자신에게 맞게 경험에서 주어질 수 있다. 왜냐하면 우리는 사고방식을 이렇게 변화시킴으로써 선험적 인식이 가능함을 전적으로 잘 설명할 수 있으며, 게다가 경험의 대상들의 총괄 개념인 자연의 선험적 기초를 형성하는 법칙들에게 흡족한 증거들을 갖추게 해줄 수 있기 때문이다. 이 두 가지는 지금까지의 연구 방식으로는 불가능했던 것이다. 그러나 형이상학의 첫 번째 부분에서 선험적으로 인식할 수 있는 우리의 능력들을 연역하는 것, 바로 여기에서 우리에게 낯선 결과 하나가 발생한다. 즉 여기에서는, 형이상학의 두 번째 부분을 다루는 곳이 지향하는 전체 목적에 매우 좋지 않은 결과가 생기는 것 같다. 사실 이런 선험적인 인식 능력으로 경험의 한계를 넘어서는 것이 바로 이 형이상학의 본질적 과제이기는 하지만, 우리는 결코 그렇게 할 수가 없다. 그러나 형이상학의 이 두 번째 부분에서는 첫 번째 부분에서 우리의 이성이 선험적으로 인식한 것을 평가한 결과가 진리임을 반증하는 실험이 포함되어 있다. 즉 선험적으로 이성이 인식하는 것은 현상20에만 관계하지, 사태[사물] 그 자체에 관계하지 않는다. 사태[사물] 그 자체는 우리에게 인식되지 않는다. 그것은 다만 우리의 인식과 독립하여 자체적으로 실재하는 것이다. 우리의 경험의 한계와 모든 현상을 넘어설 수밖에 없도록 몰고 가는 것은 바로 무제약자이다. 이성은 필연적으로 그리고 아주 당연히 제약된 모든 것을 넘어서 무제약자를 물자체에서 구하려고 하며, 그렇게 함으로써 제약들의 계열들 전체를 완결짓고자 한다. 그런데 우리가 우리 자신의 경험적 인식이 물자체로서의 대상들로 향한다는 것을 수용한다면, 이 무제약자는 모순 없이는 결코 사유될 수 없음이 밝혀질 것이다. 이와는 반대로 주어지는 그대로의 사물에 대한 우리의 표상이 물자체로서의 사물을 향하는 것이 아니라 오히려 현상으로 사물이 우리의 표상 방식에 따르게 된다면, 모순은 곧 사라지게 된다. 따라서 무제약자는 우리가 인식할 수 있는 사물들, (즉 우리에게 주어지는) 사물들에서는 발견될 수 없고, 우리가 인식할 수 없는 사물, 즉 물자체에서 발견될 수 있다. 우리가 처음에 실험할 목적으로 가정한 것의 근거가 이제 명확해졌다.21 그러나 초감각적인 것들의 영역으로 나아가려는 모든 진행이 거절된 후에도 여전히 시도해볼 만한 것이 우리에게 남아 있다. 그것은 바로 이성의 실천적 인식에서 무제약자라는 저 초월적인 이성 개념[22]을 규정할 수 있는 소재를 발견하려는 시도이다. 이렇게 해서 우리는 형이상학의 소망에 따라 우리의 선험적 인식, 그것도 단지 실천적 관점에서의 선험적 인식으로 모든 가능한 경험의 한계 너머에까지 다다를 수 있다. 따라서 적어도 사변이성은 이러한 조치로 이처럼 확장해갈 수 있는 여지를 우리에게 마련해주었다. 물론 그 여지는 아직 텅 빈 상태이다. 하지만 이제 이 여지를 이성의 실천적 자료로 채울 수 있는 자유가 우리에게 허용되어 있다. 정말이지 이것은 사변이성이 우리에게 요구한 것이기도 하다.[23]

그런데 이와 같이 순수 사변이성을 비판하는 일은 우리가 기하학자나 자연과학자가 제시한 예들에 의거해서 형이상학에 대한 완전한 혁명을 착수함으로써 지금까지의 형이상학의 방법들을 변경시키려는 것이다. 이러한 일에 종사하는 것은 학문의 방법에 관한 것이지 학문 자체의 체계에 관한 것이 아니다. 그러나 이 일은 학문의 한계들뿐만 아니라 그것이 지니고 있는 전체적인 내적 구조와 관련하여 학문의 전체 윤곽을 그려내는 것이다. 왜냐하면 순수 사변이성은 다음과 같은 특성을 자체적으로 지니고 있기 때문이다. 즉 그것은 자신의 사유의 객체를 선택하는 방식의 상이성에 따라 자신이 지니고 있는 능력들을 측정할 수 있고, 또한 과제들을 제출하는 여러 가지 방식들을 완전히 헤아려서 형이상학 체계의 전체 윤곽을 그려낼 수 있고 그려내야 하는 특성을 지니고 있기 때문이다. 그것이 그럴 수밖에 없는 이유는 첫 번째 점과 관련해서 볼 때 사유하는 주체가 자신에게서 도출할 수 있는 것 외에는 선험적 인식에서 아무것도 객체들에 부여될 수 없기 때문이다. 그리고 두 번째 점과 관련해서 볼 때 순수이성은 자신이 지니고 있는 인식의 원리들과 관련되는 한 객체에서 완전히 분리되어 있는 자존적인 통일체이기 때문이다. 이러한 통일성에는 하나의 유기체에서처럼 각각의 모든 부분은 다른 모든 부분을 위해, 또 다른 모든 부분은 하나의 부분을 위해 존재한다. 그래서 어떤 원리도 그것이 순수이성의 전체 사용과 관련하여 지니게 되는 관계들 속에서 온전히 조사되지 않는다면 그와 같은 원리는 그 어떤 관계에서도 결코 안전하게 채택될 수 없다. 그러나 형이상학은 또한 객체들과 관계하는 그 어떤 다른 이성의 학문에도 (왜냐하면 논리학은 사유 일반의 형식에만 종사하기 때문이다) 주어질 수 없는 드문 행운을 지니게 된다. 다시 말해 이러한《비판》을 통해서 형이상학이 학문의 안전한 길에 들어설 수 있게 된다면 그것은 자신에게 속해 있는 인식의 전체 분야를 완전히 포괄할 수 있게 되고, 따라서 자신의 작업을 완결시켜 더 이상 늘어날 수 없는 완성된 자산으로 후세가 사용할 수 있도록 맡

길 수 있는 행운을 지닌다. 왜냐하면 형이상학은 오직 원리들과 이 원리들을 사용하는 것의 한계를 규정하는 것에 관계하기 때문이다. 물론 이때 원리를 사용하는 것의 한계는 원리 자체에 의해서 규정된다. 따라서 또한 형이상학은 토대가 되는 학문으로서 이런 완전성을 성취해야 할 책임도 떠맡고 있다. 그러므로 우리는 형이상학에 관해서는 다음과 같이, 즉 아직도 해야 할 것이 남아 있다면, 아무것도 했다고 생각되지 않는다고 주장할 수 있어야 한다.

그러나 비판을 통해 이렇게 순수하게 정화되었고, 이로써 또한 영속적인 상태가 된 형이상학과 더불어 우리가 후세에 남기게 될 것이라고 생각하는 보물이 어떤 종류의 보물인지에 대해서 사람들은 묻게 될 것이다. 우리가 생각하기에 이 작품을 빨리 스쳐 지나가듯이 대충 읽어본 사람은 이 작품이 지니고 있는 유용성이 단지 소극적일 뿐이라고, 즉 사변이성으로는 경험의 한계를 결코 넘어서는 작업을 감행할 수 없다는 것만을 알아차릴 것이다. 물론 이런 소극적인 면이야말로 사실상 비판을 통해 확립하고자 하는 형이상학의 일차적 유용성이다. 그러나 이러한 유용성은 다음과 같은 사실을 알게 될 때 곧 적극적이게 된다. 즉 사변이성이 자신의 고유한 한계를 넘어 모험을 감행하는 데 동원하는 원칙들이 결과적으로 이성의 사용 범위를 확장시켜주는 것이 아니라, 우리가 좀 더 세밀하게 고찰해보면 바로 그것이 오히려 우리의 이성 사용 범위를 협소하게 하는 불가피한 결과에 이르게 된다는 것을 알게 될 때 우리가 이성을 소극적으로 사용하고자 한 것이 오히려 적극적으로 사용하는 바람직한 길이 된다. 현실적으로 이러한 원칙들은 〔이성에 속하는 것이 아니라〕 감성에 속해 있다. 그럼에도 불구하고 이 원칙들은 모든 것에 다가가도록 범위를 확장시켜 순수 (실천) 이성을 사용하는 것을 배제하는 쪽으로 몰아가고자 한다. 따라서 사변이성의 사용을 제한하는 비판은 비록 소극적이기는 하지만, 그것으로 인해서 동시에 실천이성의 사용을 제한하거나 완전히 없애 버리려는 방해는 제거할 수 있을 것이다. 따라서 우리는 이렇게 함으로써 유일하고도 필연적인 순수이성을 실천적으로 사용하는 것이 가능하다는 것을 확신하게 되며, 그와 동시에 이러한 비판이 사실상 적극적이고 매우 중요한 유용성을 지니게 된다는 것을 알게 된다. 순수이성은 바로 이와 같이 실천적으로 사용될 때는 불가피하게 감성의 한계를 넘어서 확장되며, 또 이렇게 하는 데 사변이성의 도움은 전혀 필요하지 않다. 그러나 그럼에도 불구하고 이성이 스스로 자기 모순에 빠지지 않기 위해서는 사변이성의 반작용 앞에서 안전하게 유지되어야 한다. 비판이 행하는 이러한 기여에 적극적인 유용성이 있음을 부인한다면, 그것은 마치 경찰들이 자신들의 주 업무가 단지 시민들 각자가 평화롭고 안전하게 자신들의 일을 추구할 수 있도록 그들을 두려움 속에 몰아넣는

폭력을 예방하는 것일 뿐이기 때문에 이들 경찰들은 그 어떤 적극적인 유용성도 창출하지 못한다고 말하는 것이나 마찬가지다. 공간과 시간은 단지 감성적 직관의 형식이라는 것, 그래서 현상으로서의 사물의 존재 조건이라는 것, 게다가 개념에 대응하는 직관이 주어질 수 없는 한 우리는 그 어떤 지성 개념도 가질 수 없으며, 따라서 또한 사물을 인식하기 위한 그 어떤 요소도 가질 수 없다. 그러므로 우리는 물자체로서의 대상을 전혀 인식할 수 없으며 단지 그 대상이 감성적 직관의 객체인 한, 즉 현상으로서의 대상인 한 그것을 인식할 수 있다. 《비판》의 분석론 부분에서 이것이 입증되었다. 바로 여기서 물론 이성의 단지 있을 수 있는 모든 사변적 인식을 오로지 경험의 대상들에만 제한하는 일이 귀결된다. 그럼에도 불구하고 주목해야 하지만 계속 유보된 내용이 있다. 그것은 바로 물자체로서의 이 대상들을 인식erkennen할 수는 없지만, 적어도 사유denken할 수 있어야 한다는 점이다.[24] 왜냐하면 그렇지 않으면 현상하는 어떤 것 없이 현상이 존재한다는 모순된 명제가 도출될 것이기 때문이다.

그런데 우리가 만약 우리의 비판을 통해서 필연적으로 하게 되는 경험의 대상으로서의 사물과 물자체로서의 사물을 구별하는 일을 하지 않았다고 가정한다면, 인과성이라는 원칙이, 따라서 그것을 규정하는 자연의 기계성이 모든 사물 일반에 충분히 작용하는 원인들로서 타당할 것이다. 그러므로 바로 그와 같은 존재, 예를 들어 인간의 영혼 같은 존재에 관해서 의지는 자유로우면서 동시에 자연의 필연성에 예속되어 있다고, 즉 자유롭지 못하다고 내가 주장하고자 한다면, 그런 주장은 명백히 모순에 빠지지 않고는 불가능하다. 왜냐하면 나는 이 두 명제에서 영혼을 같은 의미로, 즉 사물 일반으로(물자체로) 받아들였기 때문이다. 그리고 이런 선행하는 비판이 없었다면, 나는 그렇게 받아들일 수밖에 없었을 것이다. 그러나 객체가 두 가지 의미, 즉 현상으로서의 대상과 물자체로서의 대상으로 취해질 수 있다는 것을 비판이 가르쳐준 것이 잘못한 것이 아니었다면, 또한 비판이 행한 지성 개념의 연역이 올바르다면, 따라서 인과성이라는 원칙이 오직 첫 번째 의미의 사물에만, 즉 경험의 대상인 사물에만 관계하고, 두 번째 의미의 사물에는 종속되지 않는다면, 바로 그 같은 의지가 현상에서는 (즉 눈으로 볼 수 있는 행위들에서는) 자연법칙에 필연적으로 들어맞는 것으로서 자유롭지 못할 것이다. 그러나 다른 한편으로는 물자체에 속하는 것으로서 그러한 자연법칙에 예속되지 않으며, 따라서 자유로운 것으로 생각할 수 있다. 바로 이와 같은 생각에는 아무런 모순이 일어나지 않는다. 두 번째 측면에서 고려해볼 때, 즉 물자체의 관점에서 볼 때 나는 내 영혼을 그 어떠한 사변적 이성을 통해서도 인식할 수 없다. (하물며 경험적 관찰을 통해서는 더더욱 인식할 수 없다.) 따라서 나는 자유라는 것도, 내가 감각할 수 있는 세계의 결과들이 속하게 되는 존재가 지니고 있는 속성처럼 그런 형태로 인식할 수 없다. 왜냐하면 그렇게 되면 나는 그와 같은 존재를 그것이 현존하는 가운데 규정되어 있는 것으로 인식해야 하기 때문이다. (그러나 그와 같은 경우는 불가능하다. 왜냐하면 내가 생각하는 자유라는 개념 아래 그 어떤 직관도 둘 수 없기 때문이다.) 다만 나는 자유를 인식할 수는 없지만 여전히 사유할 수는 있다. 즉 자유에 대한 표상은 다음과 같은 조건만 갖추면 전혀 자기 모순이 없다. 다시 말해 두 부류의 표상 방식들(즉 감각적인 표상 방식들과 지성적인 표상 방식들)을 우리가 비판적으로 구별하는 것이, 그리고 그러한 것에서 기인하는 순수 지성 개념을 제한함과 동시에 이 개념에서 흘러나오는 원칙들을 제한함이 제대로 이루어진다면 자유에 대한 표상은 아무 모순 없이 가능하다. 그런데 도덕은 필연적으로 우리 의지의 속성으로 (가장 엄격한 의미에서의) 자유를 전제할 수밖에 없다는 것을 우리가 받아들인다면, 즉 도덕이 자유를 전제하지 않고서는 결코 가능하지 않을 근원적 원칙들을, 이른바 우리의 이성 안에 놓여 있는 실천적인 근원적 원칙들을 도덕이 성립하기 위한 이성의 선험적 자료로 제시할 것을 우리가 수용한다면, 그리고 동시에 사변이성이 이러한 자유는 전혀 생각할 수 없는 것임을 입증했음을 우리가 수용한다면, 전자의 전제, 즉 도덕을 위하여 행해진 전제는 이 후자를 가정하는 것에, 즉 자유를 가정하는 것에 필연적으로 굴복하게 될 것이다. 만약 그렇지 않고 반대의 경우가 된다면 명백히 모순을 지니게 될 것이고, 따라서 자유와 이것과 함께하는 윤리성은 (자유를 먼저 전제하지 않는다면, 이것을 반대하는 것은 전혀 모순되지 않기 때문에) 자연의 기계성에게 자리를 양보해야만 할 것이다. 그러나 도덕을 위해 나에게 필요한 것은 자유가 자체적으로 모순되지 않아야 한다는 것, 따라서 내가 자유를 더 이상 통찰할 필요는 없다고 하더라도 그것을 최소한 사유할 수 있도록 허용되어야 한다는 것이다. 그러므로 자유는 (이것을 자연의 기계성과는 다른 관계 속에서 본다면) 바로 이 동일한 행위의 자연적 기계성을 전혀 방해하지 않고 성립될 수 있다. 따라서 그렇게 되면 윤리에 관한 학설도 자연에 관한 학설도 각기 제 자리를 바람직하게 유지할 수 있게 된다. 하지만 이러한 것은 우선 물자체들에 관해서는 우리가 인식할 수 없음이 불가피하고, 우리가 이론적으로 인식할 수 있는 것이라곤 단지 현상에 제한되어 있음을 비판이 우리에게 가르쳐주어야만 가능하다. 순수이성의 비판적 원칙들이 지니고 있는 적극적인 유용성들을 상세하게 논의하는 것은 신이나 우리 영혼의 단순한 본성이라는 개념과 관련해서도 나타날 수 있다. 그러나 나는 간결하게 하기 위해 이와 같은 개념들에 대한 상세한 논의는 생략하고자 한다. 따라서 나는 사변이성에 대해서 그것이 엄청난 통찰을 할 수 있는 것처럼 주장하는 권한을 빼앗지 않는다면, 내 이성을 반드시 실천적으로 사용할 수 있기 위해 신, 자유, 영혼불멸 같은 것은 단 한 번도 가정해볼 수 없다. 왜냐하면 사변이성이 이러한 통찰에 이르기 위해서는 사실상 경험할 수 있는 대상들에만 확장하는 원칙들을 사용해야 하기 때문이다. 그럼에도 불구하고 그러한 원칙들이 경험의 대상이 될 수 없는 것에 적용된다면, 이러한 원칙들은 항상 이 대상을 현상으로 변화시키게 마련이며, 따라서 순수이성의 실천적 확장을 모두 불가능한 것으로 선언하게 될 것이다. 그러므로 나는 신앙을 위한 자리를 확보하기 위해 지식을 중단해야만 했다. 왜냐하면 형이상학의 독단론, 즉 순수이성의 비판 없이 형이상학을 진전시키려는 편견은 도덕성에 반하는 모든 불신의 진정한 원천이 되기 때문이다. 이 불신이야말로 언제나 매우 독단적인 것이지 않을 수 없다. 따라서 순수이성의 비판의 척도에 따라 구축된 체계적 형이상학과 더불어 유산을 후손에 남기는 것이 대단히 어려운 일은 아닐지라도, 이 유산은 결코 별것 아닌 것으로 다루어질 선물이 아니다. 비판이 결여된 이성의 근거 없는 모색이나 경솔한 싸움과 비교해볼 때 우리는 이제 학문 일반의 안전한 길을 통하여 이성 계발이라는 점에만 주목할 수 있다. 아니면 알고 싶어하는 욕구를 가진 젊은이가 시간을 더 잘 활용하는 것에 주목할 수도 있다. 사실 이 젊은이 역시 그동안 일반화되어 있는 독단론에 의해서 아주 일찍부터 그것도 매우 많이 고무되어 있었기 때문에, 자신이 전혀 이해하지도 못할 뿐만 아니라 세상 모든 사람처럼 자신도 결코 통찰한 적이 없는 사물에 관해 적당하게 궤변을 늘어놓았고, 새로운 사상과 의견을 고안해내고자 주목했으며, 그래서 건전한 학문의 학습을 등한시하는 처지이기도 했다. 그러나 우리가 소크라테스의 방법, 즉 상대편이 무지함을 가장 명확하게 입증함으로써 도덕과 종교에 대한 모든 비난을 언제든지 종식시킬 수 있는 더할 나위없는 이로운 점을 고려한다면 이 유산은 최대한 존중되어야 한다. 여하튼 세상에는 형이상학이 존재해왔고 또 아마 미래에도 존재할 것이다. 형이상학과 더불어 순수이성의 변증론도 바로 그 형이상학 속에서 발견될 것이다. 왜냐하면 이 변증론은 순수이성에게는 자연스러운 것이기 때문이다. 따라서 철학의 가장 일차적이고 중요한 과업은 우리가 과오의 원천을 차단함으로써 형이상학에서 온갖 해로운 영향을 한꺼번에 제거하는 것이다.

여러 학문 분야에서 이러한 중요한 변화의 시도가 있었음에도 불구하고, 그리고 사변이성이 지금까지 자신의 상상적 소유로 인해 입었던 손실에도 불구하고, 일반적인 인간 관심들과 더불어 그리고 세상이 지금까지 순수이성의 가르침에서 얻은 효용들과 더불어 이 모든 것은 예전과 마찬가지로 여전히 유리한 상태이다. 손실을 입은 것은 단지 학파의 독점권일 뿐이지, 결코 인류의 관심사가 아니다. 나는 완고한 독단론자들에게 다음과 같은 질문을 하려고 한다. 실체의 단순성에서 우리의 영혼이 죽음 후에도 지속하는지를 입증하는 것, 주관적인 실천적 필연성과 객관적인 실천적 필연성을 세밀하게 구별하기는 하지만, 그저 구별하는 데 그침으로써 보편적인 기계론에 반대되는 의지의 자유를 입증하는 것, 또는 최고 실재자라는 개념에서 (즉 가변자가 지니고 있는 우연성이라는 개념과 최초로 움직이게 하는 자라는 개념에서) 신의 현존을 입증하는 것 등, 이 모든 증명이 각 학파에서 출발해 대중에 이르기까지 그들이 확신하도록 일찍이 최소한의 영향이라도 그들에게 끼칠 수 있었던가 하는 점을 나는 묻고자 한다. 그런데 이런 일은 일어날 수 없다. 그리고 아주 세밀한 사변을 일반 대중이 이해하기에는 능력이 부적합하기 때문에, 결코 그와 같은 것을 기대할 수도 없다. 오히려 첫 번째와 관련해서 볼 때 시간적인 (유한적인) 것을 통해서는 (인간의 전체 직분의 소질에는 불충분하여) 결코 만족될 수 없기 때문에 모든 사람이 인정할 수 있는 자신의 본성이 지니고 있는 소질만이 미래의 삶에 대한 희망을 낳을 수 있다. 두 번째와 관련해서 볼 때는 경향성의 모든 요구에 맞서는 의무를 오로지 명확하게 서술하는 것만이 자유의 의식을 가능하도록 해준다. 마지막으로 세 번째와 관련해서 볼 때는 자연의 어디에서나 나타나는 영광스러운 질서, 아름다움 그리고 보살핌만이 현명하고도 위대한 세계 창조자가 존재한다는 믿음을, 이른바 대중에게 널리 퍼져 있는 확신을 산출한다. 물론 그것은 이성의 근거 위에 정초하고 있는 한에서 그러하다. 따라서 이와 같은 경우라면 신에 대해서 확신을 가지는 것이 계속해서 유지될 수 있을 뿐만 아니라 더 나아가 그러한 믿음의 소유가 권위까지도 얻게 되는 것이다. 물론 그것은 철학 학파들이 인간의 보편적인 관심사에 관계하는 점들에서 (우리가 가장 존경할 만한) 대중이 아주 쉽게 이를 수 있는 통찰보다도 더 높고 충분한 통찰을 우쭐대며 결코 하지 않도록 배움으로써 이루어진다. 그뿐만 아니라 이것은 이들 학파들이 이렇게 보편적으로 파악할 수 있고 또 도덕적 관점에서 충분히 증명할 수 있는 근거들을 개발하고자 하는 것에만 제한하도록 배움으로써 가능하다. 따라서 학문의 변혁은 학파들의 교만한 주장에만 관계한다. 물론 학파들은 (다른 많은 요소들에서도 그러하듯이) 바로 이 점에서도 그 용도만을 대중에게 알려줄 뿐이지 진정한 해법이 되는 열쇠는 자기 속에 감추어두고자 한다. 그래서 그들은 자신들을 진리를 유일하게 알고 있고 또 보관하고 있는 자로 기꺼이 인정받고자 한다. (나처럼 그도 우리가 모르고 있는 것을 자신만이 알고 있는 것처럼 보이고 싶어한다.) 그러나 동시에 사변 철학자의 정당한 주장도 적절하게 고려되었다. 사변 철학자는 언제나 대중이 알지는 못하지만 그들에게 유용한 학문, 즉 이성 비판을 완전히 독점하는 자이다. 이러한 이성 비판은 결코 통속적일 수 없으며, 또 그렇게 될 필요도 없다. 왜냐하면 유용한 진리들을 위해서 세심하게 짜인 논변들을 대중이 이해할 수 없듯이, 그런 논변들에 세세하게 이의를 제기하는 것도 대중은 이해할 수 없기 때문이다. 그에 반해 학파는 사변으로 올라가는 모든 사람처럼 불가피하게 양자 중 어느 한쪽에, 즉 주장과 반대 주장 중 어느 한쪽에 빠지게 된다. 그리고 학파는 사변이성이 행사하는 권리를 근원적으로 고찰함으로써 조만간 대중 자체에게서도 논쟁에서 생겨나게 되는 추태를 단호하게 예방하지 않으면 안 된다. 형이상학자들은 (결국에는 승려조차도) 비판을 동반하지 않으면 어쩔 수 없이 논쟁에 휩쓸리게 되며 나중에는 자신들의 학설조차도 오류를 범하게 되는 추태에 빠져 들게 된다. 이러한 비판을 통해서만 일반적으로 해로울 수 있는 유물론, 운명론, 무신론, 자유롭게 사유하는 무신앙, 광신, 미신 등이, 그리고 최종적으로는 학파에게 위험할 수 있지만 대중에게는 스며들기 어려운 관념론과 회의론도 모두 근절될 수 있다. 정부가 학자들이 해야 할 일에 관여하는 것이 마땅하다고 생각한다면 인류를 위해서뿐만 아니라 학문을 위해서도 가소롭기 짝이 없는 학파의 독재를 지지하기보다는 이성의 활동이 확고하게 진행될 수 있는 비판의 자유를 옹호하는 것이 훨씬 더 적합할 것이다. 그런데 학파는 자신들의 거미줄, 즉 학설의 체계가 찢어지게 될 때 벌어질 위험에 관해서 크게 외치겠지만, 대중은 결코 그것에 주목하지 않을 것이며, 또한 자신에게 일어나게 되는 손실도 전혀 느끼지 못할 것이다.

비판은 이성이 학문으로서 스스로 순수하게 인식하는 데 이성 자신의 독단적 방법에 대립해 있지 않다. (왜냐하면 학문은 언제나 독단적이기 때문이다. 즉 그것은 확고한 선험적 원리에서 엄밀하게 증명하기 때문이다.) 오히려 비판은 독단주의에 대립하고 있다. 즉 비판은 오로지 개념으로부터의 순수한 인식(요컨대 철학적 인식)에 의해서만, 또한 이성이 스스로에게 이를 수 있는 방식과 자격을 물어보지 않고 스스로 가장 오래도록 사용해왔던 원리를 그저 좋아서만 스스로가 추구해왔던 작업이 성공하리라고 자만하는 월권에 맞선다. 그러므로 독단주의는 자신이 지니고 있는 본래적 능력을 먼저 비판해보지 않고 순수이성이 독단적으로 처리하는 것이다. 따라서 이렇게 독단론에 반대하는 것은 통속성이라는 부당한 이름 아래 지껄이는 천박한 언행을 변호하거나 전체 형이상학을 간단히 처리해버리는 회의론을 싸고 도는 것이 아니다. 오히려 이러한 비판은 학문으로서의 근원적 형이상학을 촉진시키는 데 필수적으로 요구되는 것을 미리 마련하는 것이다. 이런 근원적 형이상학은 일정한 이론의 형태를 띨 수밖에 없으며 가장 엄밀한 요구에 따라서 체계적으로 논술되며, 따라서 (통속적이지 않고) 학문적으로 논술되어야 한다. 형이상학에 대한 이와 같은 요구는, 결코 소홀히 취급될 수 없다. 왜냐하면 형이상학은 완전히 선험적으로, 따라서 사변이성을 충분히 만족시킬 정도로 자신의 일을 완수해내는 것을 의무로 삼고 있기 때문이다. 따라서 비판이 규제하는 계획을 수행할 때, 즉 형이상학의 미래 체계에서 우리는 장차 모든 독단주의 철학자 중에서 가장 훌륭한 철학자인 유명한 볼프Christian von Wolf의 엄밀한 방법에 따라야 할 것이다. 그는 최초로 모범을 보여준 사람으로 (그리고 이러한 모범으로 독일에서 분명하지 않았던 철저함의 정신을 일깨워준 사람으로) 학문의 안전한 진행이 단지 원리들을 일정하게 확립하고 개념들을 분명하게 규정하고 증명의 엄격성을 주장하고, 우리의 추론 과정에서 다소 모험적이거나 비약적인 단계를 피하는 것만으로 어떻게 이를 수 있는가를 보여주고자 했다. 바로 이 때문에 그는 형이상학을 학문다운 학문으로 권위를 지니게 하는 데 아주 적합했던 사람이었다. 그가 기관, 즉 순수이성 자체에 대한 비판으로 형이상학에 대한 기초를 앞서서 준비하는 것을 떠올렸다면 더더욱 그러하다. 그러나 순수이성 자체에 대한 비판에까지 이르지 못한 결함은 단지 볼프에게만 돌릴 것이 아니라 오히려 그가 살았던 시대의 독단적 사유 방식의 탓으로 돌려야 할 것이다. 이런 결함과 관련하여 그 시대의 철학자나 그전의 철학자 그 누구도 서로를 비난할 수 없다. 그러나 볼프의 학문적 방식과 순수이성 비판의 방법을 내팽개쳐 버리는 사람들이 의도하는 것은 학문의 구속을 벗어나고, 노력을 유희로, 확실성을 사견으로, 철학을 명예욕으로 바꾸어 버리려는 것일 뿐이었다.

이 재판에 관한 한 나는 난해함과 모호함을 최대한으로 줄이고자 이 기회를 놓치지 않으려고 했다. 예리한 통찰력을 지닌 사람들이 이 책을 평가할 때 부딪히게 될 많은 오해에 아마도 내 책임이 없는 것은 아니겠지만, 오히려 그보다는 그것은 난해함과 애매함 때문이라고 보아야 할 것이다. 명제 자체와 그것을 증명하는 근거, 또한 계획의 형식과 완전성에서 내가 고쳐야 할 아무것도 발견하지 못했다. 이렇게 될 수 있었던 연유는 한편으로는 내가 그것들을 대중 앞에 내놓기 전에 그것들에 투여한 오랜 시험 과정이 있었기 때문이며, 다른 한편으로는 우리가 다루고 있는 사태(문제) 자체의 특성, 즉 순수한 사변이성의 본성 때문이다. 사변이성은 하나의 참된 유기적 조직을 지니고 있으며, 그 안에서는 모든 것이 하나의 기관을 이루고 있다. 이른바 유기적 조직 안에서는 모든 것은 하나를 위해, 하나하나의 개별적인 것들은 모든 것을 위해 존재한다. 따라서 아무리 작은 결점이라고 하더라도, 비록 잘못(오류)이든 결함이든 어쨌든 그것이 사용되면 하나도 빠짐없이 드러나게 된다. 내가 희망하듯이 이 체계는 이렇게 불변하는 가운데 앞으로도 계속 유지될 것이다. 이처럼 내가 이 체계를 신뢰할 수 있게 되는 것은 헛된 확신 때문이 아니라 어디까지나 유사한 결과를 낸 실험으로 확보하게 된 명증성 때문이다. 물론 가장 작은 요소에서 순수 이성 전체로 나아가는 경우나, 아니면 반대로 전체에서 (이 전체 자체는 사실 순수이성의 실천적, 궁극적 의도를 통해서 실천 적인 것 속에서 주어지게 된다.) 각 부분으로 돌아가는 경우 중 어느 경우에도 결과는 매한가지로 나타난다. 가장 작은 부분 이더라도 그것을 바꾸려고 시도하는 것은 체계에서뿐만 아 니라 인간 이성 일반에서 모순을 일으킨다. 그러나 서술할 부 분도 아직 많이 남아 있다. 나는 이 점에 관해서는 이 재판에 서 개선하려고 했다. 우선 첫째, 나는 감성론,[25] 특히 시간이 라는 개념에 대한 오해를, 둘째, 지성 개념의 연역이 지니고 있는 애매성을 바로잡으려 했으며, 셋째로는 순수한 지성의 원칙들을 증명할 때 아마도 충분한 명증성이 없는 것처럼 보 이는 점을 바로잡고자 했다. 그리고 마지막으로 이성적 심리 학을 문제 삼은 '오류추리론'[26]에 대한 잘못된 이해를 시정 하려고 했다. 그러나 서술 방식에 대한 나의 이러한 수정은 여기까지만 (즉 초월적 변증론의 제1절 끝까지만) 이루어졌지, 그 이상으로까지는 확장되지 못했다.[27] 이런 작업을 하기에 는 너무나 시간이 부족했고, 또한 초월적 변증론의 제1절 이 후 부분에 대해서는 이 부분에 정통하고 공정하게 평가하는 검사자의 오해가 없었기 때문이다. 정말이지 나는 이런 공정 한 평가자들에게 그들의 위치에 맞는 칭찬을 보낸다. 그렇지 만 나는 이들의 이름을 구체적으로 거론하지 않았다. 다만 나는 이들이 제기한 문제점을 내가 바로잡았음을 다시 확인해볼 수 있도록 관련된 쪽에 제시해놓았다. 하지만 이번 교정 작업으로 독자들에게는 불가피하게 약간의 손실이 이어질 수밖에 없었다. 이 책을 두껍게 하지 않고서는 이러한 손실을 막을 길이 없었다. 나는 전체를 완벽하게 만드는 데 반드시 필요한 것은 아니지만, 그럼에도 불구하고 다른 목적을 위해서 유용한, 이른바 독자가 쉽게 이해할 수 있도록 도와줄 수 있는 여러 가지를 독자의 분위기에 맞추어 빠뜨리지 않고 적어놓을 수 없었으며, 따라서 그들의 요구 사항을 많이 줄일 수밖에 없었다. 그래서 이제야 나는 내가 바랐듯이 독자들이 더 잘 이해할 수 있는 서술을 제공할 수 있는 여지를 마련했다. 따라서 이 서술은 명제들과 심지어 그것들을 증명하는 근거들과 관련해서 볼 때 근본적으로는 결코 아무런 변화가 없지만, 진술 방식에서는 삽입만으로는 도저히 성취될 수 없는 것이고, 그러므로 이것은 초판과는 다르다. 그렇지 않고도 임의로 초판을 참고함으로써 보충할 수 있는 이 작은 손실은 바라건대 재판이 초판보다 압도적으로 더 쉽게 이해될 수 있다는 사실로 보충될 수 있을 것이다. 나는 여러 가지 공적인 글들에서 (부분적으로는 많은 책을 평론할 기회에, 또 부분적으로는 특수한 논문들에서) 감사하여 만족해하면서 다음과 같은 사실을 알게 되었다. 즉 나는 독일에서 철저함의 정신이 소멸한 것이 아니라 오히려 사유에서 천재인

척하면서 자유를 일삼는 유행 때문에 그와 같은 정신이 잠시 가려 있었다는 것을 알게 되었다. 또한 나는 비판이 나아가야 할 가시밭길은 학문적이며, 또 그런 한에서만 지속적일 수 있으며, 따라서 가장 필연적인 순수이성의 학문을 이끌 수 있다는 것도 알게 되었다. 이런 비판이 나아가는 가시밭길은 용기 있고 현명한 사람들로 하여금 그들이 내 책을 읽고 통달하는 데 실망을 주지 않는다는 것도 알았다. 아주 다행스럽게도 철저한 통찰과 명쾌한 서술 재능을 지니고 있는 이런 명민한 사람들에게 나는 명쾌한 서술이라는 관점에서 볼 때 여전히 어느 정도 결함이 있는 부분을 완성해줄 것을 맡기고자 한다. 내가 다시 이러한 결함 부분을 완성해주도록 명민한 사람에게 맡기고자 하는 것은 이 책이 반박될 위험이 있을 것을 우려해서가 아니라, 내가 의도한 바가 제대로 이해되지 않을 위험이 있을 것으로 생각하기 때문이다. 이제 나로서는 더 이상 논쟁에 참가하지 않으려고 한다. 그렇지만 친구든 적이든 그들이 보내주는 모든 암시에 대해서는 이 예비학에 맞추어 미래의 체계를 완성하는 데 이용하기 위해 주도 면밀하게 주의를 기울이고자 한다. 나는 이 책을 작업하는 동안 이미 나이가 점점 많이 들었기 때문에, (이달로 예순넷이 되는 셈이다.) 사변이성과 실천이성을 확증하는 것으로 자연형이상학과 도덕형이상학을 모두 제시하려는 내 계획을 제대로 성취하려면, 나는 시간을 절약하는 태도를 취하지 않으면 안 된다. 그리고 이 책에서 거의 피할 수 없었던 모호함을 해명하고 전체를 변호하는 것은 이 책을 자기의 것으로 만든 공로가 있는 사람들에게 기대할 수밖에 없다. 모든 철학적 진술은 이러저러한 면에서 공격받을 수 있다. (왜냐하면 철학적 진술들은 수학처럼 빈틈없이 무장할 수는 없기 때문이다.) 그렇지만 통일체로 여겨지는 이 체계의 구조는 조금도 위험하지 않다. 체계가 새로울 때는 소수의 사람만이 그런 체계를 조망하기 위해 정신의 재치 있는 민활함을 취한다. 아니 훨씬 적은 사람들이 그런 새로운 체계에 흥미를 가진다. 왜냐하면 그들에게는 새로움이라는 것이 모두 거북하게 느껴지기 때문이다. 또 우리가 각각의 측면 또는 상태를 전체적인 연관 관계에서 서로 비교하게 되면, 모든 책에서, 특히 자유로운 담화 형태로 진행되는 책에서 나타나는 외관상의 모순은 밝혀질 수 있다. 이러한 모순들은 다른 사람들의 평가에 의존하는 사람들로 하여금 이 책에 의혹의 눈빛을 던지게 할 것이다. 반면 전체의 이념을 확보하고 있는 사람에게는 이러한 모순들이 아주 쉽게 해결될 수 있을 것이다. 하나의 이론이 그 자체로 안정되면 처음에는 그것에 매우 위협적인 것으로 보이는 것 같았던 작용과 반작용이 시간이 지남에 따라 그것의 불균형을 무마시키는 데 이바지하게 된다. 그리고 공정함과 통찰, 또 진정한 대중성을 지니고 있는 사람들이 그와 같은 이론을 연구하는 데 헌신하게 된다면, 아마도 짧은 시간 안에 그 이론에 필요한 우아함을 확보해주게 될 것이다.

1787년 4월 쾨니히스베르크에서

들어가는 말(초판)

I. 초월철학[28]의 이념

경험은 의심할 것 없이 우리 지성이 감성적 감각의 원 재료를 가공해서 산출하는 최초의 산물이다. 따라서 경험은 우리에게 최초의 가르침이 되며, 그리고 이러한 경험이 진행됨에 따라 끝없이 새로운 과제에 직면하게 된다. 그러므로 앞으로 산출될 모든 결실이 연쇄적으로 결합되어 있는 삶은 바로 이 경험이라는 지반에서 모을 수 있는 새로운 앎에 결코 부족하지 않을 것이다. 그럼에도 불구하고 경험은 우리의 지성이 제한되어 갇히게 되는 유일한 분야는 결코 아니다. 경험은 우리에게 무엇인가가 존재한다는 것을 말해주지만, 그것이 필연적으로 존재할 수밖에 없어 달리 존재해서는 안 된다는 것을 알려주지는 않는다. 바로 그 때문에 경험은 우리에게 그 어떤 참된 보편성도 제시해주지 않는다. 그런데 이성은 바로 이와 같은 종류의 보편성에 관한 인식을 얻기를 열망하며, 경험을 통해서 만족을 얻기보다는 오히려 자극받기를 원한다. 하지만 동시에 내적인 필연성이라는 특징이 있는 그러한 보편적인 인식은 경험에서 독립되어 자체적으로 명확하고 확실하지 않으면 안 된다. 따라서 우리는 그와 같은 인식을 선험적 *a priori* 인식이라고 한다. 그와는 반대로 경험에서 얻게 되는 것은 단지 후험적 *a posteriori*으로나 경험적으로만 인식될 수 있기 때문에 보편적 인식이 될 수 없다.

그런데 우리가 하는 경험 중에는 그 경험이 자신의 원천을 선험적으로 가짐에도 불구하고, 그것들이 우리 감관의 표상들을 결합할 수 있도록 해주기 위해서만 사용되는 인식과 섞여 있음이 드러나게 되며, 이와 같은 사실은 정말이지 주목하지 않을 수 없다. 왜냐하면 우리가 경험에서 감관에 속하는 것들을 모두 제거할 때도 여전히 어떤 근원적인 개념들과 그 개념에서 산출되는 판단들이 남아 있게 될 것이기 때문이다. 이것들은 완전히 선험적인 것으로 경험에서 독립하여 존재해야만 한다. 왜냐하면 그것들은 감관에 나타나는 대상들에 관해서 단순한 경험이 가르쳐줄 수 있는 것 이상의 것을 주장할 수 있도록 해주기 때문이며, 또 적어도 그와 같은 것을 주장하는 것이 가능하다는 것을 믿도록 해주기 때문이다. 즉 그와 같은 것들은 단순히 경험적 인식만으로는 제공해줄 수 없는 참된 보편성과 엄격한 필연성을 주장하는 것을 가능하게 해주기 때문이다.

그러나 그럼에도 불구하고 여전히 훨씬 더 많이 이야기해야 할 것은 다음과 같은 것, 즉 어떤 인식은 심지어 가능한 경험의 분야도 모두 버리고, 경험에서는 그에 상응하는 그 어떤 대상도 결코 주어질 수 없는 개념들을 통해서 우리의 판단 범위를 경험의 모든 한계를 넘어 확장하려는 것처럼 보인다는 점이다.

그런데 감성계를 넘어선 이런 후자의 인식에서는 경험을 이끌어 지도할 그 어떤 실마리도 주어질 수 없고, 바로잡을 수 있는 수정도 있을 수 없다. 우리의 이성의 탐구들은 바로 그런 영역에 관계하는 것으로 그와 같은 인식을 현상 영역에서 지성이 배울 수 있는 모든 것보다 그 중요성에 비추어 훨씬 소중한 것으로, 그리고 그 탐구가 지향하는 궁극적 의도에 비추어서 훨씬 더 숭고한 것으로 여긴다. 하지만 우리는 여기에서 그러한 중요한 탐구들을 주저하면서 의혹을 갖는 차원에서나 아니면 멸시와 무관심에서 그만두기보다는 오히려 위험에 빠져 헤매더라도 모든 것을 감행해보아야 할 것이다.

그런데 어디서 유래했는지도 알지 못하면서 우리가 지금 소유하고 있는 인식으로, 그것도 근원을 알지도 못하는 원칙들을 그저 신뢰하면서 경험이라는 지반을 떠나 건물을 세우기보다는, 더군다나 세심하게 고찰해 기초를 미리 확고히 해놓지도 않고 건물을 세우기보다는, 오히려 도대체 지성이 어떻게 이 모든 선험적 인식에 이를 수 있는지, 그리고 그러한 인식이 어느 정도 범위와 타당성과 가치를 지닐 수 있겠는지에 관해서 이미 오래 전부터 먼저 물음을 제기했더라면, 그것은 정말이지 자연스럽게 보일 것이다. 이와 같이 자연스럽다는 말 아래 그 말을 당연하고도 이치에 맞게 일어났어야 할 것을 의미하는 것으로 이해한다면 사실 이만큼 자연스러운 것도 없을 것이다. 그러나 우리가 그러한 말을 일상적으로 일어나는 것을 의미하는 것으로 이해한다면, 이러한 탐구가 오랜 시간 동안 나오지 않은 것이 너무나 자연스럽고 명백한 것이다. 왜냐하면 이런 인식 부분, 즉 수학적 인식 같은 부분은 오래도록 신뢰를 차지하고 있고, 따라서 다른 부분의 인식에 대해서도, 이것이 비록 수학적 인식과는 전혀 다른 성질이라고 하더라도 이와 비슷한 호감이 가는 기대를 갖도록 만들어주기 때문이다. 게다가 우리가 경험의 범위를 벗어나기만 한다면, 경험을 통해 부정되지 않을 더 안전한 상태에 있게 될 것이다. 우리의 인식을 확장시키려는 자극은 너무나 크다. 그래서 우리는 진보할 때 우리가 부딪히게 되는 명백한 모순을 통해서만 제어될 수 있다. 그러나 이러한 모순은 우리가 자신의 허구를 신중하게 주목한다면 그것이 허구임에는 변함이 없지만 피할 수 있다. 수학은 우리가 선험적 인식에서 경험을 떠나 독립적으로 얼마나 많은 성과를 거둘 수 있는가에 관한 훌륭한 예를 제시해준다. 그런데 수학이 대상과 인식에 관계하는 것은 오로지 그것이 직관에 나타나는 한에서이다. 그러나 이런 상태는 쉽게 간과할 수 있다. 왜냐하면 고려된 직관 자체는 선험적으로 주어질 수 있고, 따라서 순수하기만 한 개념과 거의 구별할 수 없기 때문이다. [수학이] 이성의 힘을 이렇게 증명해준다고 하여 그것에 고무된다면, [초재적인 세계로] 인식을 넓히려는 충동은 한이 없을 것이다. 가벼운 비둘기는 공중을 자유롭게 비행하면서 공기의 저항을 느끼게 될 때 공기 저항이 없는 텅 빈 공간 속에서 훨씬 쉽게 날 수 있을 것이라고 상상할 수 있다. 그와 마찬가지로 플라톤도 감각의 세계가 지성을 너무나 많이 방해하기 때문에 이념의 날개에 기대어 감각의 세계 저편으로, 즉 순수 지성의 공허한 공간으로 감히 뛰어들고자 했던 것이다. 그러나 그는 자신의 이러한 노력으로 앞으로 나아갈 아무런 방도도 찾지 못했음을 깨닫지 못했다. 왜냐하면 그에게는 지성이 움직이기 위한 받침대가 되는 지주, 즉 자기의 힘을 사용할 수 있는 데 지주가 되는 저항이 전혀 없었기 때문이다. 그러나 사변에서 우선 가능한 한 빨리 자신의 구조를 완결하고, 기초가 신뢰할 만한 것인지는 나중에 조사만 하는 것이 인간 이성이 흔히 처하게 되는 운명이다. 그러나 그 다음에 그 기초가 훌륭함을 보증하기 위해, 아니면 뒤에 나타나게 될 위험스러운 검사를 피하기 위해 각종 변명들이 동원

된다. 하지만 현실적으로 건물을 짓는 동안 모든 근심과 의심에서 우리를 자유롭게 해주고 그래서 외관상 철저한 것으로 우리가 아첨하게 만드는 것은 바로 다음과 같은 경우, 즉 우리 이성이 해야 할 큰 일, 아니 가장 큰 일은 우리가 대상에 관해서 이미 가지고 있는 개념들을 분석하는 것이라는 상황이다. 이러한 분석은 우리에게 많은 인식을 주는 것이고 우리의 개념 중에 (아직 불투명한 상태이기는 하지만) 이미 생각되어 있는 것을 천명하거나 해명하는 것일 뿐인데, 그럼에도 불구하고 최소한 형식상으로는 새로운 통찰과 동등하게 여겨진다. 그러나 그러한 인식들은 질료, 즉 내용과 관계되는 한은 우리가 먼저 지니고 있는 개념들을 확장하는 것이 아니라 단지 분해할 뿐이다. 그런데 이런 방법이 확실하고도 유용하게 진행되는 선험적인 현실적 인식을 제공하기 때문에, 이성은 자신도 모르게 이러한 것에 현혹되어 전혀 다른 종류의 주장을 끌어들이도록 잘못 이끌린다. 즉 이성은 주어진 개념에다 그것과는 전혀 관련이 없는 선험적 개념들을 보태게 된다. 그러나 유감스럽게도 우리는 이성이 어떻게 그러한 일을 하게 되는지 알 수가 없다. 게다가 우리는 이러한 문제를 떠올릴 수조차 없다. 그래서 나는 우선 다음과 같은 두 가지 인식 종류들을 구별하는 것에서 출발하여 문제를 다루고자 한다.

분석적 판단과 종합적 판단을 구별하는 것에 관하여

모든 판단 안에는 주어와 술어의 관계가 정해져 있으며, (나는 긍정 판단을 먼저 고려하고자 한다. 왜냐하면 이것에 연이어 이루어지는 부정 판단에는 쉽게 적용되기 때문이다.) 이러한 관계는 두 가지 방식으로 가능하다. 술어 B가 A라는 개념 안에 (암암리에) 포함되어 있는 어떤 것으로 주어 A에 속해 있든지, 아니면 B가 A와 결합되어 있기는 하지만 A라는 개념에서 완전히 벗어나 있든지, 이 둘 중의 하나일 것이다. 전자의 경우와 관련된 판단을 나는 분석적이라 하고, 후자의 경우와 관련된 판단을 종합적이라고 한다. 따라서 분석적 판단(긍정적 판단)은 술어와 주어가 결합하는 것이 동일성을 통해 생각되는 판단이며, 반면 종합적 판단은 이러한 동일성을 통하지 않고 결합된 것으로 생각되어야 하는 판단이다. 또한 우리는 전자의 판단을 해명 판단이라고 하며, 후자의 판단을 확장 판단이라고 한다. 전자는 술어를 통해 주어의 개념에 아무것도 더 보태지 않고, 단지 주어 개념을 분석하여 이것을 그 자체 안에서 (비록 불투명한 상태이기는 하지만) 이미 먼저 들어 있었던 것으로 생각되었던 부분 개념으로 분해할 뿐이기 때문이다. 그러나 후자의 경우는 전자와는 반대로 주어 개념에서 그것 자체 안에서는 전혀 생각할 수 없었던 술어를, 따라서 주어를 분석해도 그것에서 도출할 수 없는 술어를 첨가한다. 예를 들면, '모든 물체는 연장되어 있다'라고 말하는 경우 이것은 분석적 판단에 해당한다. 왜냐하면 나는 연장성이라는 것이 물체와 결합되어 있는 것으로 발견하기 위해서 물체라는 *단어와* 결합시킨 *그 개념에서* 벗어날 필요가 없고 그 개념을 분해하기만 하면 되기 때문이다. 다시 말하면 이 연장성이라는 술어를 물체라는 개념에서 발견하기 위해서는 내가 그 물체라는 개념에서 항상 생각한 다양한 것을 의식하기만 하면 되기 때문이다. 따라서 '모든 물체는 연장되어 있다'라는 판단은 분석적 판단이다. 이는 반대로 내가 '모든 물체는 무겁다'라고 말한다면, 술어는 내가 물체 일반이라는 단순한 개념에서 생각하는 것과는 완전히 다른 것이다. 그러므로 이러한 술어를 첨부하는 것은 종합적 판단이 된다.

따라서 이제 다음과 같은 것이 명백해졌다. 1. 분석적 판단을 통해서는 우리의 인식이 전혀 확장되지 않으며, 내가 이미 갖고 있는 개념이 분해되어 내가 이해할 수 있게 된다. 2. 종합적 판단에서는 내가 주어 개념 외에 다른 어떤 것(X)을 가져야 하고, 지성은 주어 개념 안에 놓여 있지 않은 술어를 주어 개념에 속하는 것으로 인식하기 위해 바로 이 X에 의지하고 있다.

따라서 경험적 판단 또는 경험 판단의 경우에는 전혀 어려움이 없다. 왜냐하면 이 X는 단지 경험의 일부가 되어 있는 A

를 통해 완전히 내가 생각한 대상을 경험한 것이기 때문이다. 사실 나는 물체 일반이라는 개념 안에 무겁다는 술어 개념을 포함시키지는 않는다 할지라도, 물체라는 개념은 경험의 부분임을 통하여 완전히 경험적으로 나타낼 수 있고, 따라서 나는 이 동일한 경험의 다른 부분들도 이 부분에 속하는 것으로 물체의 개념에 첨가할 수 있다. 나는 물체라는 개념을 바로 이 개념 안에서 완전히 생각할 수 있는 연장성, 불가침입성, 형태 등등의 표징을 통해 미리 분석적으로 인식할 수 있다. 하지만 이제야 나는 나의 인식을 확장한다. 따라서 물체라는 개념을 도출할 수 있었던 나 자신의 경험 전체를 내가 되돌아봄으로써 이미 앞서 기술한 표징들에 '무거움'이라는 것도 항상 결합되어 있음을 발견한다. 따라서 그것은 A라는 개념 바깥에 놓여 있는 저 X를 경험하는 것이며, 바로 이 경험에 기초해서 무거움이라는 B술어가 A개념과 종합될 수 있게 된다.

그러나 선험적 종합판단에서는 경험이라는 보조 수단이 완전히 결핍되어 있다. B개념을 A개념과 결합되어 있는 것으로 인식하기 위해서 *내가 A개념 바깥으로 나가야 할 때*, 내가 의존해야 하는 것은 무엇이며, 종합할 수 있도록 도와줄 수 있는 것은 무엇인가? 여기에서 나는 경험의 분야에서 그와 같은 것을 찾을 수 있는 그 어떤 이점도 지니고 있지 못하다. 발생하는 것은 모두 그 자체에 원인이 있다는 명제를 택

해보자. 발생하는 것에 관한 개념에서 시간이 먼저 앞서게 된 하나의 현존재를 생각하게 되고, 거기로부터 분석적 판단이 도출될 수 있다. 그러나 원인이라는 개념은 발생한 것과는 다른 어떤 것을 나타내며, 발생하는 것에 관한 표상에는 전혀 포함되어 있지 않다. 그렇다면 나는 어떻게 일반적으로 발생하는 것에서 그것과는 완전히 다른 어떤 것을 말할 수 있게 되며, 비록 원인이라는 개념이 발생이라는 개념에 포함되어 있지 않음에도 불구하고 그것을 발생 개념에 속하는 것으로 인식할 수 있게 되는가? 지성이 발생하는 A개념 바깥에서 이것과는 다르면서도 동시에 *마치 이것에 연결되어 있는 듯한* 술어를 발견한다는 것을 믿을 때, 이 경우 지성이 의존하게 되는 X라는 것이 과연 무엇인가? 그것은 경험이 될 수 없다. 왜냐하면 위에서 제시된 원칙은 *경험이 마련해줄 수 있는 것*보다 더 큰 보편성뿐만 아니라 필연성이라는 표현과 더불어, 따라서 완전히 선험적으로 그리고 단지 개념으로만 둘째의 관념(원인이라는 관념)을 첫째의 관념(발생이라는 관념)에 *덧붙이기* 때문이다. 그런데 우리의 사변적인 선험적 인식이 완전히 궁극적으로 의도하는 것은 이러한 종합적인 원칙, 즉 확장 원칙들에 바탕을 둔다. 왜냐하면 분석적인 원칙들은 매우 중요하고 필연적이기는 하지만, 그것은 정말이지 새로운 *개척*으로서의 확실하고도 확장된 종합을 위해서 요구되는 개념의 명료성에 이르기 위한 것일 뿐이기 때문이다.

따라서 여기에 어떤 비밀이 숨겨져 있다.[29] 이 비밀을 해명하는 것만이 순수 지성 인식의 무한한 분야에서 안전하고도 확실하게 진보할 수 있다. 즉 이와 같은 진보를 가능하게 하기 위해서 우리는 적절한 보편성과 더불어 선험적 종합판단이 가능한 근거를 밝히고, 이런 판단들의 모든 종류를 가능하게 하는 조건들을 통찰해야 할 것이다. 그리고 이런 전체 인식(이것은 그 자신의 고유한 종을 형성하는 것이다)을 날림으로 윤곽만 그려내는 것이 아니라, 그것의 원초적 근원, 구분, 범위, 한계에 의거하여 하나의 체계 속에서 완전하고도 어떤 경우라도 충분히 사용할 수 있도록 규정해야 할 것이다. 종합판단 자체가 지니고 있는 고유한 점에 관해서는 우선 이 정도로 해두고자 한다.

이 모든 것을 고려하는 것에서 이제 순수이성 비판에 이바지할 수 있는 하나의 특별한 학문이라는 이념이 생기게 된다. 그 어떤 낯선 것과도 섞여 있지 않은 그와 같은 인식이 순수하다고 일컬어진다. 그러나 하나의 인식은 그것에 어떠한 경험도 감각도 전혀 섞여 있지 않고, 따라서 완전히 선험적으로만 가능한 경우 순수하다고 명명된다. 그런데 이성은 선험적인 인식의 원리들을 주는 능력이다. 따라서 순수이성은 오로지 선험적으로만 어떤 것을 인식하는 원리들을 포함하는 그와 같은 것이다. 순수이성의 기관은 선험적인 순수한 인식을 모두 획득할 수 있게 해주고 현실적으로 성립되도록 해주는 원칙들을 총괄한다. 이러한 기관을 주도적으로 적용하면 그것은 순수이성의 체계를 마련해주게 될 것이다. 그러나 이러한 일에는 매우 큰 노력이 필요하기 때문에, 그리고 우리의 인식을 이렇게 확장하는 것이 과연 가능한 것인지, 또 가능하다면 어떤 경우에 가능한지는 여전히 의심스러운 상태이기 때문에, 우리는 순수이성과 그것의 원천과 한계들을 단순히 조사하는 학문을 순수이성의 체계에 대한 예비학으로 간주할 수 있다. 그러한 학문은 순수이성의 이론적 학설이 아니라 단지 순수이성을 비판하는 것으로 불려야 할 것이다. 그리고 그러한 비판의 유용성은 우리의 인식을 확장하는 것이 아니라 단지 우리의 이성을 정화시키는 데 이바지하는, 그야말로 소극적 차원에 머물러야 할 것이다. 즉 이러한 비판은 이성을 그 과오에서 벗어나 자유롭게 하는 것이며, 그렇게 되면 이와 같은 작업은 이미 매우 많은 소득을 올리는 셈이 될 것이다. 나는 대상보다는 *대상 일반에 관한 우리의 선험적* 개념에 종사하는 모든 인식을 초월적이라고 명명한다. 그러한 개념 체계는 바로 초월철학Transzendental-Philosophie이라 불릴 것이다. 그러나 이러한 초월철학은 시작하는 이 단계에서는 역시 너무 부담이 되는 과제이다. 왜냐하면 그러한 학문은 분석적 인식뿐만 아니라 선험적인 종합 인식도 완전히 포함해야 하고, 그래서 우리가 의도하는 것과 *관련해서만*

볼 때 너무나 광범위한 범위를 포함해야 하기 때문이다. 즉 우리는 선험적 종합의 원리들을, 물론 이것만이 우리의 연구 대상이기는 하지만, 그것의 전체 범위와 관련하여 완전히 파악할 수 있기 위해서 반드시 *요구되는* 정도로까지 분석해나가야 하기 때문이다. 이것은 다음과 같은 탐구에 관계한다. 인식 자체를 확장하는 것이 아니라 단지 그것을 바로잡을 목적만을 지니고 있음으로 인해, 우리가 본래 학설이 아니라 단지 초월적 비판이라 부를 수 있는 이와 같은 탐구, 그리고 모든 선험적 인식의 가치와 무가치를 가늠하는 시금석을 제공해야 하는 이와 같은 탐구가 우리가 지금 종사하는 탐구가 된다. 따라서 그러한 비판은 가능한 한 하나의 기관을 준비하는 것이 되리라. 그리고 비록 이와 같은 기관을 마련하는 것이 성공적이지 못하다 하더라도, 적어도 그러한 것을 준비하는 데 규준은 될 것이다. *그러한 규준에* 따라 장차 불가피하게 순수이성의 완벽한 철학 체계가, 비록 이것이 순수이성의 인식을 확장하는 데 있든 제한하는 데 있든, 어쨌든 종합적으로뿐만 아니라 분석적으로도 제시될 수 있을 것이다. 왜냐하면 이러한 완전한 체계가 가능하다는 것은 더군다나 그 체계가 우리가 그것을 완성하는 것을 기대하기 어려울 정도는 아닐 수도 있다는 점은 다음과 같은 사정에서 미리 추측할 수 있기 때문이다. 즉 여기서 주된 문제로 삼는 것은 끝없이 무한한 사물의 성질이 아니라 사물의 성질을 판단하는 지성, 그것도 단지 선험적 인식에만 관계하는 지성이다. 그리고 이러한 지성이 선험적으로 지니고 있는 것들은 우리가 외부에서 구할 필요가 없고, 더군다나 우리에게 감추어져 있을 수 없으며 또한 우리의 추측만으로도 파악할 수 있을 만큼 분량이 매우 적기 때문에, 그것을 모두 다 취해도 그것들이 지니고 있는 가치 유무는 충분히 판정하고 또 정당하게 평가할 수 있다.

II. 초월철학의 구분

초월철학은 여기에서는 단지 하나의 *이념*일 뿐이다. 이를 위해서 순수이성 비판은 전체 계획을 건축술적으로 그려내야 한다. 즉 이 비판은 원리에서 그러한 설계를 그려내야 한다. 물론 그런 작업은 이 건축의 구성 요소가 되는 모든 부분의 완전성과 안전함이 충분히 보장되도록 *이루어져야* 할 것이다. 이 비판 자체는 아직 초월철학이라고 불리지 않는다. 왜냐하면 그것이 완전한 체계가 되려면 인간의 선험적 인식을 모두 상세하게 분석하는 것도 포함되어야 하는데 이 비판은 아직 거기에까지 이르지 못하고 있기 때문이다. 물론 우리의 비판은 정해진 순수 인식을 구성하는 모든 근본 개념을 완벽하게 헤아려서 제시해주어야 한다. 그러나 이 비판에서 이러한 개념들 자체를 완벽할 정도로 주도면밀하게 분석한 것을 제시해야 할 필요는 없으며, 또한 그러한 개념에서 도출될 수 있는 것들을 완전히 검토해야 할 필요는 없다. 왜냐하면 이러한 요구는 부당하기 때문이다. 우선 한편으로는 이런 분석은 우리의 목적에 적합하지 않다. 우리의 전체 비판이 과제로 삼고 있는 것을 위해서는 종합의 경우에 우리가 마주치게 되는 어떤 불확실성도 분석과 관련해서는 존재할 수 없다. 다른 한편에서는 이러한 분석과 도출을 완전하게 이루어내야 한다는 책임에 관여하는 것은 우리가 계획하는 것의 통일성과 배치되기 때문이다. 지금 우리가 의도하는 관점에서 볼 때 이런 분석과 도출은 하지 않을 수도 있다. 하지만 나중에 우리가 헤아려야 할 이러한 선험적 개념을 분석하고 그러한 개념에서 다른 개념들을 도출하는 것은 일단 그것들이 가장 먼저 종합의 원리들을 완벽하게 완결한 것으로 확립되고, 이러한 본질적 관점에서 그러한 개념들에 아무것도 부족한 것이 없으면 쉽게 완성될 수 있을 것이다.

따라서 순수이성의 비판은 초월철학에 본질적인 모든 것을 포함한다. 그래서 이 비판은 초월철학의 완전한 이념이기는 하지만, 아직 학문 자체는 아니다. 왜냐하면 이 비판은 선험적인 종합 인식을 완전하게 평가하는 데 필요한 한에서만 분석하기 때문이다.

그러한 학문을 구분할 때 가장 먼저 주목할 것은 경험적인 어떤 것을 자체 내에 가지고 있는 개념은 전혀 포함시켜서는 안 된다는 점이다. 즉 선험적 인식은 완전히 순수해야 한다는 점이다. 그러므로 도덕의 최고 원칙과 그것의 근본 개념은 비록 선험적인 것이기는 하지만, 그것들은 초월철학에 속해서는 안 된다. *왜냐하면 그러한 것에는 전적으로 경험에 원천을 두고 있는 쾌나 불쾌, 욕망과 경향성, 자유로운 의지 같은 개념들이 전제될 수밖에 없기 때문이다.* 따라서 초월철학은 오로지 순수한 사변이성이 세계에 대해서 갖게 되는 앎에 관한 것이다. 실천적인 것은 모두 그것이 일어나게 한 원인이 있는 한, 경험적 인식에 속하는 감정에 관계되어 있기 때문이다.

그런데 이러한 학의 구분을 체계 일반의 보편적 관점에서 세우려면, 우리가 지금 제시하려는 구분은 일차적으로는 순수이성의 원리론을 포함해야 하고, 이차적으로는 순수이성의 방법론을 포함해야 한다. 이러한 주된 부분들에는 하위 부분이 따른다. 그렇지만 이것들에 관한 근거들은 아직 여기서 설명되어야 할 것은 아니다. 단지 다음의 것들에 관해서만 들어가는 말이나 예고의 차원에서 언급할 필요가 있다. 즉 이 단계에서는 인간의 인식에 두 개의 줄기가 있고, 그리고 이 줄기는 하나의 공통된 뿌리를 지니고 있지만, 우리에게는 알려지지 않은 뿌리에서 나온다는 것만을 언급하기만 하면된다. 다시 말하면 여기서는 감성Sinnlichkeit과 지성Verstand이 존재한다는 것만 언급되면 된다. 전자를 통해서 우리에게 대상이 주어지지만, 후자를 통해서는 대상이 사유된다. 그런데 감성은 대상이 우리에게 주어지는 조건들을 형성한다는 선험적 표상들을 포함하고 있는 한, 그것들은 초월철학에 속한다. 초월적 감성론은 원리론의 제1부에 속해야 한다. 왜냐하면 인간 인식의 대상이 주어지는 조건은 인식의 대상을 생각하게 해주는 조건보다 앞서기 때문이다.

들어가는 말(재판)

I. 순수 인식과 경험적 인식의 구별에 관하여

우리의 모든 인식이 경험과 더불어 시작된다는 것은 전혀 의심할 여지가 없다. 왜냐하면 그러한 인식 능력이 대상을 통해 일어나지 않으면 그것은 작동하도록 일깨워지지 않을 것이기 때문이다. 바로 이 대상은 우리의 감각 기관에 영향을 주어 부분적으로는 스스로 표상들을 산출하고, 부분적으로는 우리의 지성이 활동하도록 만든다. 그리고 이 지성의 활동은 표상들을 비교하며, 또 그것들을 연결하거나 분리한다. 그래서 지성의 활동은 감성에 각인된, 이른바 감성적 인상이라는 원 재료를 가공해 대상을 인식할 수 있도록 해준다. 바로 이와 같이 대상을 인식하는 것이 곧 경험이 된다. 따라서 시간상으로 우리 안에 있는 그 어떤 인식도 경험에 앞서지 못하며, 오히려 이 경험과 더불어 모든 인식이 시작된다.

그러나 비록 우리의 모든 인식이 경험과 더불어 일어나기는 하지만, 그렇다고 그러한 인식이 모두 경험에서 나오는 것은 아니다. 왜냐하면 우리의 경험적 인식조차도 우리가 인상(각인되는 것)을 통해서 수용하는 것과 (단지 감성적 인상을 통해 촉발되어) 우리 자신의 인식 능력이 자신에게서 내놓은 것이 결합되어 이루어진 것일 수 있기 때문이다. 오랜 연습으로 인식 능력이 우리에게 준 것을 알아차려, 그것을 원 소재에서 분리해내는 일에 숙련되지 못했다면, 우리는 인식 능력이 더해준 것과 원 소재를 서로 구별하지 못할 것이다.

따라서 경험이나 감관의 모든 인상에서 벗어나 독립되어 있는 인식이 존재하는지에 관한 물음에 대해서는 적어도 좀더 세심하게 탐구할 필요가 있으며, 한번 훑어보고 당장 해결할 문제가 아니다. 우리는 이와 같은 인식을 선험적이라고 부르며, 그것을 경험적인 것empirisch과 구별한다. 후자인 경험적인 것의 근원은 후험적, 즉 경험에 있다.

그러나 선험적이라는 표현은 앞서 제시된 문제에 적합한 전체 의미를 나타내기에는 아직도 충분히 정확하게 규정되어 있지 않다. 왜냐하면 우리는 경험적 원천에서 도출된 많은 인식에 관해서 흔히 다음과 같이 말하고 있기 때문이다. 즉 우리는 그와 같은 인식을 경험에서 직접 얻지 않고 일반적인 규칙에서 가져오기 때문에, 물론 그것마저도 우리가 경험에서 빌려온 것이기는 하지만, 어쨌든 이런 연유로 우리는 그와 같이 선험적으로 인식할 수 있거나 또 그런 인식을 가지고 있다고 말한다. 가령 우리는 자신의 집의 기초를 파낸 어떤 사람에 관해서 그는 자신의 집이 무너질 것을 선험적으로 알 수 있었다고 말한다. 즉 그는 자신의 집이 무너질 것을 경험을 기다리지도 않고 알 수 있었다고 말한다. 그러나 사실 그는 이러한 것을 결코 선험적으로 알 수 없었다. 왜냐하면 '물체가 무겁다'는 것, 따라서 물체를 밑에서 떠받치고 있는 기초가 제거되면 물체가 무너지게 된다는 것을 우선 일차적으로 경험을 통해 알고 있어야 하기 때문이다.

그러므로 우리는 지금까지 언급되는 과정에서 선험적 인식이라는 것은 이러저러한 특정 경험에서 독립되어 있는 인식이 아니라 모든 경험에서 단적으로 독립되어 일어나는 인식을 의미함을 이해하게 될 것이다. 바로 이러한 선험적 인식에 대립되어 있는 것이 경험적 인식 내지 후험적으로만, 즉 경험을 통해서만 가능한 인식이다. 선험적인 인식 중에서 경험적인 것이 전혀 섞여 있지 않은 인식을 순수하다고 한다. 그래서 예를 들어 '모든 변화에는 원인이 있다'는 명제는 선험적이긴 하지만, 순수한 것은 아니다. 왜냐하면 변화라는 것은 경험에서만 도출될 수 있는 개념이기 때문이다.

II. 우리는 선험적인 어떠한 인식을 지니고 있으며, 상식조차 그와 같은 것 없이는 결코 성립될 수 없다

이제 우리는 순수한 인식을 경험적 인식과 확실하게 구별할 수 있는 표징을 다루어야 한다. 경험은 어떤 것이 이러이러한 상태라는 것을 우리에게 가르쳐주지만, 그것이 현재와는 다른 상태가 될 수 없음을 가르쳐주지는 않는다. 따라서 첫째, 필연성Notwendigkeit과 더불어 생각하는 명제가 있다면 그런 명제는 선험적 판단의 형태를 띠고 있다. 게다가 그와 같은 명제가 필연적 판단의 타당성을 지니고 있는 명제 외의 그 어떤 다른 명제에서도 도출되지 않는다면, 그와 같은 명제는 절대적으로 선험적인 판단이다. 둘째, 경험은 결코 참되고도 엄격한 보편성Allgemeinheit을 제시해주지 못하고, 단지 가정되었을 뿐인 상대적 보편성만을 (귀납을 통해서) 줄 뿐이다. 그래서 우리가 지금까지 관찰해온 한은 실제로 '이러저러한 규칙에 예외가 결코 없다'고 이야기할 수 있을 뿐이다. 따라서 하나의 판단이 엄격한 보편성을 지닌다고 생각된다면, 즉 어떠한 예외도 가능한 것으로 인정되지 않는다면, 그것은 경험에서 도출되는 것이 아니라 오로지 선험적으로만 타당하다. 그러므로 경험적인 보편성은 대부분의 경우에 통하는 타당성을 모든 것에 통하는 타당성으로, 타당성을 임의적으로 끌어 올려놓은 것이다. 예를 들면 '모든 물체는 무게를 지닌다'와 같은 명제가 이 경우에 해당한다. 이와는 반대로 엄격한 보편성이 어떤 한 판단에 본질적으로 속해 있다면, 그와 같은 보편성은 판단이 지니는 특수한 인식의 근원, 즉 선험적 인식을 가능하게 하는 능력을 가리키는 것이다. 따라서 필연성과 엄밀한 보편성은 선험적 인식의 확실한 특징이며, 또한 이 양자는 분리되지 않고 서로 속하는 관계이다. 그러나 이와 같은 두 가지 특징을 사용할 때, 판단의 우연성이 판단의 경험적 제한성보다 더 쉽게 제시되기 때문에, 그러한 판단의 무제한적 보편성이 그것의 필연성보다 더 믿을 만한 것으로 입증되기 때문에, 방금 언급된 보편성과 필연성이라는 두 가지 기준은 그 어느 것이나 자체적으로는 잘못될 수 없는 확실한 것이지만, 그래도 서로 분리해 별도로 사용하는 것이 좋다.

이제 그와 같은 필연적이고 엄격한 의미에서 보편적인, 따라서 순수하게 선험적인 판단들이 인간의 인식에 존재한다는 사실을 쉽게 제시할 수 있다. 우리가 학문에서 하나의 실례를 발견하려면 수학의 모든 명제들만 내다보아도 된다. 우리가 이러한 사례를 가장 일반적인 지성 사용에서 구하려고 한다면, '모든 변화에는 그 원인이 있다'는 명제도 그러한 것에 사용될 수 있다. 바로 이 후자에는 '원인'이라는 개념 자체가 결과와 연결되는 필연성의 개념이 아주 명백하게 포함되어 있으며, 또한 규칙의 엄밀한 보편성이라는 개념도 포함되어 있다. 그래서 흄이 그렇게 했듯이, 일어나는 현상이 앞서 있는 현상과 자주 함께 일어나는 것에서, 또 이로 인해 야기되는 습관과 함께 (따라서 순전히 주관적인 필연성과 더불어) 원인이라는 개념을 도출한다면, 필연성과 보편성을 지니는 원인 개념이라는 것은 완전히 사라질 것이다. 또한 우리는 우리의 인식에서 순수한 선험적 원칙들이 현실적으로 존재한다는 것을 증명하기 위해 이와 같은 실례를 들 필요도 없이 경험 자체가 가능하기 위해서 그와 같은 원칙들이 필수적임을 제시할 수 있으며, 그것도 선험적으로 제시할 수 있다. 왜냐하면 경험이 진행되는 데 따르는 모든 규칙이 재차 또 경험적이게 되면, 경험 자체는 자신의 확실성을 어디서 얻겠는가? 우리는 이와 같은 경험적 규칙들을 제1원칙으로 여길 수는 없을 것이다. 그러나 단지 우리는 여기서 우리 인식 능력의 순수한 사용을 그것의 특징과 더불어 하나의 사실로서 내어놓는 것만으로도 만족할 수 있을 것이다. 그러나 판단에서뿐만 아니라 개념에서조차 그것들 중 약간은 그 기원이 선험적임이 드러난다. 물체라는 경험적 개념에서 경험적인 것을 여러분이 모두 제거한다고 하더라도, 가령 빛, 딱딱함이나 부드러움, 무거움 같은 것들을 제거한다고 하더라도 (마침내 완전히 사라져버리게 될) 물체가 차지했던 공간만은 여전히 남아 있게 될 것이다. 이와 마찬가지로 객체가 물체적인 것이든 물체적인 것이 아니든 이런 모든 객체의 경험적 개념에서 경험이 가르쳐주는 모든 성질을 여러분이 제거한다고 하더라도, 그것 때문에 그 객체에서 실체나 실체에 속한 것으로 생각되는 성질들을 없앨 수 있는 것은 아니다. (물론 이 실체라는 개념에 객체 일반이라는 개념보다 더 많은 규정이 담겨 있지만) 따라서 실체라는 개념이 여러분에게 강요하는 필연성에 사로잡혀 이 개념이 자신의 선험적 인식 능력 안에 자리잡고 있음을 여러분은 인정할 수밖에 없다.

III. 철학에는 모든 선험적 인식의 가능성, 원리 그리고 범위를 규정하는 학문이 필요하다

앞서 언급된 모든 것보다 훨씬 더 많이 언급되어야 할 것이 있다. 그것은 바로 어떤 인식은 모든 경험의 영역을 떠나 경험에서 그것에 상응하는 어떤 대상도 주어질 수 없는 개념을 통해, 우리의 판단 범위를 경험의 모든 한계를 넘어 그 외관을 넓혀야 한다는 점이다.

우리 이성의 탐구는 감성계를 넘어서는, 그래서 경험이 그 어떤 실마리도 수정도 전혀 제시할 수 없는 바로 이러한 후자의 인식에 놓여 있다. 우리는 이 탐구를 지성이 현상 분야에서 배울 수 있는 모든 것보다 훨씬 중요하다고 생각하며, 이런 탐구가 지향하는 궁극적 의도가 훨씬 더 숭고하다고 여긴다. 그래서 우리는 그 어떤 미심쩍음 때문에 또는 멸시나 무관심에서 그러한 중요한 탐구를 포기하기보다는, 설혹 잘못에 빠질 위험이 있다 할지라도, 오히려 모든 것을 감행해 보고자 한다. 순수이성 자체가 피할 수 없는 과제들은 바로 신, 자유 그리고 영혼의 불멸성이다. 그러나 모든 준비를 갖추고 오로지 이와 같은 것들을 해결하는 것을 궁극 목적으로 삼고 있는 학문은 형이상학이라 불린다. 그런데 이 형이상학의 방법은 처음에는 독단적이다. 즉 이성이 이렇게 엄청난 기획을 스스로가 감당할 수 있는지에 관련하여 자신의 능력과 무능력을 사전에 검토해보지도 않고 함부로 그것을 성취하는 일을 도모한다.

그런데 우리가 당장 경험이라는 지반을 떠나 어디서 왔는지도 모르면서 우리가 지니고 있는 인식들과 더불어, 또한 근원도 알지 못하는 원칙들을 그저 신뢰하고, 그래서 주도면밀한 연구를 통하여 건축의 기초를 확보하지도 못한 채 조바심이 나서 서둘러 건축물을 세우기보다는 오히려 어떻게 지성이 이러한 선험적 인식에 이를 수 있었는지, 또 이러한 선험적 인식이 과연 어느 정도의 범위와 타당성과 가치를 지니는지에 관해서 이미 오래 전에 물음이 제기되었더라면, 그것은 아마도 자연스럽게 보였을 것이다. 이와 같이 자연스럽다는 말 아래 그것이 당연하고도 이치에 맞게 일어났어야 할 것을 의미하는 것으로 이해한다면 사실 이만큼 자연스러운 것도 없을 것이다. 그러나 우리가 그러한 말을 일상적으로 일어나는 것을 의미하는 것으로 이해한다면, 이러한 탐구가 오랫동안 나오지 않은 것이 너무나 자연스럽고 명백한 것이다. 왜냐하면 이런 인식의 부분은, 즉 수학적 인식 같은 부분은 오랫동안 신뢰를 차지하고 있고, 따라서 다른 부분의 인식에 대해서도, 이것이 비록 수학적 인식과는 전혀 다른 성질이라고 하더라도 이와 비슷한 호감이 가는 기대를 갖게 하기 때문이다. 게다가 우리가 경험의 범위를 벗어나기만 한다면, 경험을 통해서 *부정되지* 않을 더 안전한 상태에 있게 될 것이다. 우리의 인식을 확장시키려는 자극은 너무나 크다. 그래서 우리는 진보할 때 우리가 부딪히게 되는 명백한 모순을 통해서만 제어될 수 있다. 그러나 이러한 모순은 우리가 자신의 허구를 신중하게 주목한다면 그것이 허구임에는 변함없지만 피할 수는 있다. 수학은 우리가 선험적 인식에 있어서 경험으로부터 독립하여 얼마나 많은 성과를 거둘 수 있는가에 관한 훌륭한 예를 우리에게 제시해준다. 그런데 수학이 대상과 인식에 관계하는 것은 오로지 그것이 직관에 나타나는 한에서이다. 그러나 이런 상태는 쉽게 간과할 수 있다. 왜냐하면 고려된 직관 자체는 선험적으로 주어질 수 있고, 따라서 순수하기만 한 개념과 거의 구별될 수 없기 때문이다. 〔수학이〕 이성의 힘을 이렇게 증명해준다고 하여 그것에 고*무된다면*, 〔초재적인 세계로〕 인식을 넓히려는 충동은 한이 없을 것이다. 가벼운 비둘기는 공중을 자유롭게 비행하면서 공기 저항을 느끼게 될 때 공기의 저항이 없는 텅 빈 공간 속에서라면 훨씬 쉽게 날 수 있으리라고 상상할 수 있다. 그와 마찬가지로 플라톤도 감각의 세계가 지성을 너무 협소하게 제한하기 때문에 이념의 날개에 기대어 감각의 세계 저편으로, 즉 순수 지성의 공허한 공간으로 감히 뛰어들고자 했다. 그러나 그는 자신의 이러한 노력으로 앞으로 나아갈 아무런 방도도 찾지 못했음을 깨닫지 못했다. 왜냐하면 그에게는 지성이 움직이기 위한 받침대가 되는 지주, 즉 자기의 힘을 사용할 수 있는 데 지주가 되는 저항이 전혀 없었기 때문이다. 그러나 사변에서 우선 가능한 한 빨리 자신의 구조를 완결하고, 기초가 신뢰할 만한 것인지는 나중에 조사하는 것이 인간 이성이 흔히 처하게 되는 운명이다. 그러나 그 다음 기초가 훌륭함을 보증해 주기 위해, *아니면 뒤에 나타나게 될 위험스러운 검사를 피하기 위해* 각종 변명들이 동원된다. 하지만 현실적으로 건물을 짓는 동안 모든 근심과 의심에서 우리를 자유롭게 해주고, 그래서 외관상 철저함으로 우리가 아첨떨게 만드는 것은 바로 다음과 같은 경우, 즉 우리 이성이 해야 할 큰 일, 아니 가장 큰 일은 우리가 대상에 관해서 이미가지고 있는 개념들을 분석하는 것이라는 상황이다. 이러한 분석은 우리에게 많은 인식을 주지만, 우리의 개념 중 (아직 불투명한 상태이기는 하지만) 이미 생각되어 있는 것을 천명하거나 해명하는 것일 뿐이지만, 그럼에도 불구하고 최소한 형식상으로는 새로운 통찰과 동등하게 여겨진다. 그러나 그러한 인식들은 질료, 즉 내용과 관계되는 한은 우리가 먼저 지니고 있는 개념들을 확장하는 것이 아니라 단지 분해할 뿐이다. 그런데 이런 방법이 확실하고도 유용하게 진행되는 선험적인 현실적 인식을 제공하기 때문에, 이성은 자신도 모르게 이러한 것에 현혹되어 전혀 다른 종류의 주장을 끌어들이도록 잘못 이끌리게 된다. 즉 이성은 주어진 개념*에다* 그것과는 전혀 관련 없는 선험적 개념들을 보태게 된다. 그러나 유감스럽게도 우리는 이성이 어떻게 그러한 일을 하게 되는지 알 수가 없다. 게다가 우리는 *이러한 문제*를 떠올릴 수조차 없다. 그래서 나는 우선 다음과 같은 두 가지 인식 종류들을 구별하는 것에서 출발하여 문제를 다루고자 한다.

IV. 분석적 판단과 종합적 판단을 구별하는 것에 관하여

모든 판단 안에는 주어와 술어의 관계가 정해져 있으며, (나는 긍정 판단을 먼저 고려하고자 한다. 왜냐하면 이것에 연이어 이루어지는 부정 판단에는 쉽게 적용되기 때문이다.) 이러한 관계는 두 가지 방식으로 가능하다. 술어 B가 A라는 개념 안에 (암암리에) 포함되어 있는 어떤 것으로 주어 A에 속해 있든지, 아니면 B가 A와 결합되어 있기는 하지만 B는 A라는 개넘에서 완전히 벗어나 있거나, 이 둘 중의 하나일 것이다. 전자의 경우와 관련된 판단을 나는 분석적이라고 하고, *후자의 경우와 관련된* 판단을 종합적이라고 한다. 따라서 분석적 판단(긍정적 판단)은 술어와 주어가 결합하는 것이 동일성을 통하여 생각되는 판단이며, 반면 종합적 판단은 이러한 동일성을 통하지 않고 결합된 것으로 생각되어야 하는 판단이다. 또한 우리는 전자의 판단을 해명 판단이라고 하며, 후자의 판단을 확장 판단이라고 한다. 전자는 술어를 통해 주어의 개념에 아무것도 더 보태지 않고, 단지 주어 개념을 분석하여 이것을 그 자체 안에서 (비록 불투명한 상태이기는 하지만) 이미 먼저 들어 있었던 것으로 생각되는 부분 개념으로 분해할 뿐이기 때문이다. 그러나 후자의 경우는 전자와는 반대로 주어 개념에서 그것 자체 안에서 전혀 생각할 수 없었던 술어를, 따라서 주어를 분석해도 그것에서 도출할 수 없는 술어를 첨가한다. 예를 들면, '모든 물체는 연장되어 있다'고 말하는 경우 이것은 분석적 판단에 해당한다. 왜냐하면 나는 연장성이라는 것이 물체와 결합되어 있는 것으로 발견하기 위해서 물체라는 단어와 결합시킨 *그 개념에서* 벗어날 필요가 없고 그 개념을 분해하기만 하면 되기 때문이다. 다시 말하면 이 연장성이라는 술어를 물체라는 개념에서 발견하기 위해서는 *내가* 그 물체라는 개념에서 항상 생각한 다양한 것을 의식하기만 하면 되기 때문이다. 따라서 '모든 물체는 연장되어 있다'는 판단은 분석적 판단이다. 이는 반대로 내가 '모든 물체는 무겁다'고 말한다면, 술어는 내가 물체 일반이라는 단순한 개념에서 생각하는 것과는 완전히 다른 것이다. 따라서 이러한 술어를 첨부하는 것은 종합적 판단이 된다.

경험 판단들은 그 자체가 모두 종합적이다. 분석적 판단이 경험에 바탕을 두고 있다는 것은 불합리할 것이기 때문이다. 그러한 분석적 판단을 작성하기 위해서는 내가 내 개념 바깥으로 나갈 필요가 없기 때문에, 따라서 경험이 제시해주는 증명이 전혀 필요없다. 하나의 물체가 연장되어 있다는 것은 선험적으로 확립되는 명제로 그 어떤 경험의 판단도 아니다. 왜냐하면 나는 경험으로 나가기 전에, 내가 판단하기 위한 모든 조건들을 이미 개념에 가지고 있기 때문이다. 그래서 나는 바로 이 개념에서 모순율에 의거하여 늘어난다는 술어를 도출하기만 하면 된다. 동시에 나는 이와 같은 과정을 통해서 경험이 나에게 한 번도 가르쳐주지 않은, 그러한 판단의 필연성을 의식할 수 있게 된다. 이와는 반대로 내가 물체 일반이라는 개념 안에 무겁다는 술어를 전혀 포함시키지 않는다고 하더라도 바로 이 물체라는 개념이 자신의 부분들 중 한 부분을 통하여 경험의 대상을 나타낸다. 그래서 나는 바로 이 동일한 경험의 다른 부분들을 이와 같이 바로 그 개념과 함께 속해 있는 것으로 그 부분에 첨가할 수 있다. 나는 물체라는 개념을 이 개념 안에서 생각할 수 있는 연장성, 불가침입성, 형태 등의 모든 표징을 통해서 미리 분석적으로 인식할 수 있다. 그러나 나는 이제야 인식을 확장하게 된다. 이 물체라는 개념을 끌어내는 데 출처가 되었던 경험을 다시 되돌아보면, 나는 또한 위에서 이미 언급한 표징들과 더불어 거기에 무게라는 것도 항상 연결되어 있음을 발견하게 되며, 따라서 이것을 하나의 술어로 저 물체라는 주어 개념에 종합적으로 첨가하게 된다. 그러므로 무겁다는 술어가 물체라는 개념과 종합될 수 있는 가능성은 바로이 경험에 바탕을 둔다. 왜냐하면 이 두 개념은 서로 포함되어 있지는 않지만, 그럼에도 불구하고 전체의 부분들로, 즉 직관들의 종합적인 결합인 경험의 부분들로 비록 우연적인 방식이기는 하지만 서로 속하게 된다.

그러나 선험적 종합판단에서는 경험이라는 보조 수단이 완전히 결핍되어 있다. B개념을 A개념과 결합되어 있는 것으로 인식하기 위해서 A개념 바깥으로 나가야 할 때, 내가 의존해야 하는 것은 무엇이며, 종합할 수 있도록 도와줄 수 있는 것은 무엇인가? 나는 여기에서 경험의 분야에서 그와 같은 것을 찾을 수 있는 그 어떤 이점을 지니고 있지 못하다. 발생하는 것은 모두 그 자체에 원인이 있다는 명제를 취해보자. 발생하는 것에 관한 개념에서 시간이 먼저 앞서게 된 하나의 현존재를 생각하게 되고, 거기에서 분석적 판단이 도출될 수 있다. 그러나 원인이라는 개념은 완전히 저 *발생하는 것이라는 개념의 바깥*에 놓여 있고, 그 개념은 발생한 것과는 다른 어떤 것을 나타내며, *따라서 이런 발생하는 것에 관한 표상에는 전혀 포함되어 있지 않다.* 그렇다면 나는 어떻게 일반적으로 발생하는 것에서 그것과는 완전히 다른 어떤 것을 말할 수 있게 되며, 비록 *원인이라는 개념이 발생이라는 개념에 포함되어 있지 않음에도 불구하고* 그것을 발생 개념에 속하는 것으로, *그것도 필연적으로 속하는 것으로 인식할 수 있게 되는가?* 지성이 발생이라는 A개념의 바깥에서 *이것과는 다르면서도 동시에 이것에 연결되어 있는 낯선 술어 B를 발견한다는 것을 믿을 때, 이 경우 지성이 의존하게 되는 알 수 없는 X라는 것은 과연 무엇인가?* 그것은 경험이 될 수 없다. 왜냐하면 위에서 제시된 원칙은 경험이 마련해줄 수 있는 것보다 더 큰 보편성뿐만 아니라 필연성이라는 표현과 더불어, 따라서 완전히 선험적으로 그리고 단지 개념에서만 둘째의 관념(원인이라는 관념)을 첫째의 관념(발생이라는 관념)에 덧붙이기 때문이다. 그런데 우리의 사변적인 선험적 인식이 완전히 궁극적으로 의도하는 것은 저러한 종합적인 원칙, 즉 확장 원칙에 바탕을 둔다. 분석적인 원칙이 매우 중요하고 필연적이기는 하지만, 그것은 정말이지 새로운 *개척*으로서의 확실하고도 확장된 종합을 위해 요구되는 개념의 명료성에 이르기 위한 것일 뿐이기 때문이다.

V. 이성에 바탕을 둔 모든 이론적 학문에는 선험적 종합판단이 원리로 포함되어 있다

1. 수학적 판단들은 모두 종합적이다. 비록 수학의 명제가 누구도 이의를 제기할 수 없을 만큼 확실하고 따라서 매우 중요하지만, 지금까지 인간 이성을 분석하는 사람들에게는 주목을 받지 못했던 것 같다. 정말이지 수학의 명제가 종합적이라는 사실이 이들 모두가 예상했던 것과는 반대인 것 같다. 즉 사람들은 수학자의 추리가 모두 모순율에 따라 진행되는 것으로 (이와 같은 진행은 모든 절대 필연적인 확실성의 본성이 요구하는 것이다) 알았기 때문에, 추리 원칙도 모순율에서 인식되는 것이라고 생각했다. 그러나 이것은 잘못이었다. 왜냐하면 종합적 명제는 물론 모순율에 따라서 파악될 수 있지만, 이와 같은 것은 바로 이 종합적 명제가 도출되는 데 바탕이 되는 또 하나의 다른 종합적 명제가 전제될 때에만 가능한 것이지, 첫 번째의 종합적 명제 그 자체를 모순율에 의거하여 파악할 수 있는 것은 아니다.

우리가 가장 먼저 주목해야 할 점은 고유한 수학적 명제들은 언제나 선험적 판단이지 경험적 판단이 아니라는 점이다. 왜냐하면 그러한 명제들은 경험에서 얻을 수 없는 필연성을 자체에 동반하고 있기 때문이다. 그러나 사람들이 이런 내 입장을 용납하지 않는다면 나는 기꺼이 나의 명제를 순수 수학에만 국한하고자 한다. 순수 수학이 경험적 인식을 포함하지 않고 순수하게 선험적 인식만을 포함한다는 것은 순수 수학의 개념 안에 이미 동반되어 있다.

우리는 처음에는 7+5=12라는 명제가 7과 5의 합이라는 개념에서 모순율에 따라 도출된 것으로 생각할 것이다. 그러나 이 명제를 곰곰이 생각해보면, 7 더하기 5라는 개념은 7과 5라는 두 수를 한 가지 수로 합했다는 것 외에는 아무것도 포함하지 않으며, 이 두 수를 합해서 나온 또 하나의 수가 무슨 수냐 하는 것은 전혀 생각하지 않는다. 12라는 개념은 내가 7과 5의 결합을 생각하기만 함으로써 바로 거기에 이미 (포함되어) 정해져 있는 것이 결코 아니다. 나는 그러한 가능적 합계에 관한 나의 개념을 오래도록 여전히 분석할 수 있을 것이다. 그러나 그렇게 한다고 하더라도 나는 거기에서 12라는 것을 만나지 못할 것이다. 우리는 이 12라는 개념을 만나려면 이들 5와 7이라는 개념 바깥으로 나가야 한다. 그리고 우리는 이 두 수 중 어느 한 수에 대응하는 직관을, 가령 다섯 손가락이나 다섯 개의 점(이것은 제그너Segner가 자신의 산수 책에서 했던 것이기도 하지만)의 도움을 받아 직관 중에 주어진 5라는 단위를 한 단위 한 단위 순차적으로 7이라는 개념에 더해야 한다. 나는 맨 먼저 7이라는 숫자를 취하고, 그 다음 5라는 개념을 위하여 직관으로서의 손가락의 도움을 받아 5를 형성하기 위해 이제 미리 모든 단위를 나의 손가락에 의거하고 있는 저 형상에 기초해서 7이라는 수에 차례차례 더한다. 이렇게 함으로써 나는 12라는 숫자가 나타나는 것을 보게 된다. 7이 5에 더해져야 한다는 것을 나는 합, 즉 '7 더하기 5'(7+5)라는 개념에서 생각했지만, 이러한 합이 12라는 수와 같은 것임을 생각하지는 못했다. 따라서 이 산수 명제는 언제나 종합적이다. 우리가 어느 정도 큰 수를 취해보면 이와 같은 상황은 더욱 분명하게 파악된다. 이 경우에는 우리가 우리의 개념들을 아무리 뒤적거리더라도 직관의 도움을 받지 않고 그 개념들을 단순히 분석하는 것만으로는 결코 그 합계를 발견할 수 없다는 것이 명백해지기 때문이다.

마찬가지로 순수 기하학의 원칙은 모두 전혀 분석적이지 않다. 직선은 두 점 사이의 최단 거리라는 것은 종합 명제이다. 왜냐하면 직선에 대해서 내가 갖고 있는 개념은 크기에 관한 것을 전혀 포함하지 않고 질적인 것만을 포함하기 때문이다. 따라서 최단이라는 개념은 첨가된 것이며, 직선이라는 개념을 분석해서는 도출될 수 없다. 그러므로 직관의 도움을 받아야 하고, 이 직관을 매개로 해서만 종합이 가능하게 된다.

기하학이 전제하는 몇몇 원칙은 실제로 분석적이고 모순율에 의거하고 있다. 그러나 그것은 동일 명제처럼 방법을 연결하는 것으로만 사용될 뿐 원리로 사용되지 않는다. 예를 들면 $a=a$(전체는 그 자신과 동등하다) 또는 $(a+b)\rangle a$(즉 전체는 부분보다 크다)라는 명제가 이 경우에 해당한다. 그리고 이러한 명제

자체도, 비록 그것이 순수한 개념에 의거해서 타당한 것으로 여겨진다 하더라도, 그 명제를 직관에 제시할 수 있기 때문에 수학에서 허용될 수 있다. 여기서 그러한 명증적인 판단의 술어가 이미 우리의 주어 개념 속에 포함되어 있고, 따라서 흔히 그러한 판단이 분석적이라고 믿게 하는 것은 단지 사용된 그 용어의 애매함 때문이다. 즉 우리는 하나의 주어진 개념에 어떤 술어를 생각해서 첨가해야 한다. 그리고 이렇게 해야 할 필연성은 이미 개념 자체에 내재되어 있다. 그러나 문제는 우리가 주어진 개념에 무엇을 첨가해 생각해야 하는가가 아니라, 비록 막연하지만 실제로 개념에서 무엇을 생각하고 있느냐이다. 그리고 이때 술어는 필연적으로 주어 개념에 덧붙여야 하지만, 그것은 주어 개념 자체에서 생각되는 것으로가 아니라 주어 개념에 첨가되어야 하는 직관에 의해서 덧붙여져야 한다라는 점이 명백해진다.

2. 자연과학(물리학)은 자체 안에 선험적 종합판단을 원리로 포함하고 있다. 나는 이것에 대한 실례로 몇 가지 명제만을 들려고 한다. 즉 나는 '물질계의 모든 변화에서 물질의 양은 불변이다'나 '운동이 전달되는 모든 경우에 작용과 반작용은 항상 서로 같아야 한다'와 같은 명제를 제시해보려고 한다. 이 두 명제는 분명히 필연성을 지니며, 따라서 그 근원이 선험적일 뿐 아니라 종합적이다. 왜냐하면 나는 물질이라는 개념에 의해서 지속성이 아니라 단지 물질이 공간을 채움으로써 공간 중에

현존하는 것만을 생각하기 때문이다. 따라서 내가 물질이라는 개념에서 생각하지 않았던 어떤 것을 선험적으로 이 개념에 생각하여 더하기 위해서는 실제적으로 물질이라는 개념을 넘어 바깥으로 나가야 한다. 따라서 이 명제는 분석적이지 않고 종합적이며, 그러면서도 여전히 선험적으로 생각된다. 그리고 자연과학의 순수한 부분에 속하는 나머지 다른 명제들도 마찬가지로 생각한다.

3. 형이상학이, 우리가 지금까지 온갖 노력을 쏟아부어도 실패했음에도 불구하고 인간 이성의 본성 때문에 여전히 없어서는 안 될 학문이라고 여겨진다면, 역시 이 형이상학 안에는 선험적 종합판단이 포함되어 있어야 할 것이다. 형이상학에서 해야 할 것은 우리가 사물에 관해서 선험적으로 형성하는 개념을 분석하기만 하는, 즉 분석적으로 명료하게 하는 것이 아니다. 오히려 형이상학에서 해야 할 것은 우리의 인식을 선험적으로 확장하는 것이다. 우리는 이와 같은 것을 위해서 주어진 개념에 포함되어 있지 않은 어떤 것을 더하는 원칙을 사용해야 한다. 또한 우리는 선험적 종합판단을 통해 경험 자체가 뒤따를 수 없을 정도로 아주 멀리까지 주어진 개념을 넘어 나아가야 한다. 예를 들어 '세계는 최초의 시작이 있어야 한다'나 이와 유사한 명제들이 그와 같은 경우에 해당한다. 그래서 적어도 형이상학은 그 목적에 비추어볼 때 전적으로 선험적인 종합 명제에서만 성립된다.

VI. 순수이성의 일반적 과제

많은 연구들을 단 하나의 일정한 과제 형식 아래 가져올 수 있다면, 우리는 이미 그로 인해서 아주 많은 것을 얻게 되는 셈이다. 이를 통해서 우리는 자기의 할 일을 정확히 규정하여 자기 자신이 종사해야 할 일을 힘들이지 않고 할 수 있을 뿐만 아니라, 또한 그것을 검토하려는 다른 모든 사람이 우리가 계획한 것을 충분히 이행했는지, 이행하지 않았는지를 판단하는 것도 쉽게 할 수 있기 때문이다. 이제 순수이성의 고유한 과제는 선험적 종합판단이 어떻게 가능한가라는 물음에 담겨 있다.

형이상학은 지금까지 불확실함과 모순이라는 불안한 상태였다. 물론 이렇게 된 원인은 우리가 선험적 종합판단이 어떻게 가능한가라는 순수이성의 고유한 과제를 제대로 고려하지 못했고, 아마도 분석판단과 종합판단을 구별하는 것조차도 일찍이 고려하지 못했기 때문일 것이다. 이제 형이상학의 존폐는, 바로 이와 같은 과제가 해결되느냐, 아니면 그 과제가 설명되어 알 수 있기를 요구할 수 있는 가능성이 사실상 전혀 일어날 수 없음을 충분히 입증하느냐에 달려 있다. 흄은 모든 철학자 중에서 바로 이 과제에 가장 가까이 다가간 사람이었지만, 이 과제를 충분히 탁월하게 규정하지 못했으며, 그 과제가 지니는 보편성 속에서 숙고하지 못했다. 오히려 그는 결과를 자신의 원인과 연결시키는 종합 명제(인과율)에서 더 나아가지 못했으며, 여기에서 그러한 명제가 선험적으로는 전혀 불가능함을 밝혀냈다고 생각했다. 그의 추론에 따르면 우리가 형이상학이라고 명명하는 모든 것은, 잘못된 이성의 통찰에서 온 망상에 바탕을 두고 있다. 그에 따르면 이성은 사실 경험에서 단지 빌려온 것과 습관을 통해서 마치 필연성을 지닌 것처럼 보이는 것을 형이상학에 포함시킨다. 그러나 만약 흄이 우리의 과제를 그의 보편성 속에서 그려보았더라면, 모든 순수 철학을 파괴하라는 주장에까지 이르지는 않았을 것이다. 물론 흄의 주장에 입각하면 순수 수학도 확실히 선험적 종합 명제를 포함하고 있는 이상 그러한 학문 역시 존재할 수 없는 것으로 여겨졌을 것이다. 그러나 그가 훌륭한 지성을 지니고 있었더라면 그러한 주장으로부터 자신을 지켜낼 수 있었을 것이다.

위의 과제를 해결하는 것에는 동시에 대상에 관한 선험적인 이론적 인식을 포함하는 모든 학문의 기초를 마련하고 완성하는 데 동반되는 순수이성의 사용 가능성도 포함되어 있다. 즉 다음과 같은 물음에 답하고 파악하는 것도 포함되어 있는 것이다.

순수 수학은 어떻게 가능한가?

순수 자연과학은 어떻게 가능한가?

이 두 학문은 현실적으로 주어져 있기 때문에, 이들 학문에 관해서는 그것들이 어떻게 가능한지 제대로 물을 수 있을 것이다. 그것들이 가능할 수밖에 없다는 것은 이들 두 학문이 실제로 존재하고 있다는 현실성을 통해 입증된다.30 그러나 형이상학과 관련해서 볼 때는 지금까지 그것이 어렵게 진행해왔음이 틀림없고, 또 형이상학의 본질적 목적과 관련해서 볼 때도 그것에 관해서 지금까지 주장된 그 어떤 것에서도 형이상학이 현실적으로 존재한다고 말할 수 없기 때문에, 모든 사람이 형이상학의 가능성을 의심하는 것은 당연하다.

그러나 어떤 의미에서는 이러한 종류의 인식도, 즉 형이상학의 인식도 주어져 있는 것으로 여겨질 수 있다. 다시 말하면 형이상학은 학문으로는 아니라 할지라도, 자연적 소질(자연적 형이상학)로는 현실적으로 존재하는 것으로 생각할 수 있다. 왜냐하면 인간의 이성은 많이 알고 있다는 단순한 허영심에 따라 움직이지 않고, 이성 본래의 고유한 욕구를 좇아 그 자신의 경험적 사용에서 도출된 원리들을 통해서는 결코 대답될 수 없는 물음에까지 멈추지 않고 계속하여 나아가기 때문이다. 그래서 모든 인간의 이성이 사변으로까지 확장되자마자, 어떤 형이상학은 모든 시대에 존재했고, 또 언제나 존재하게 될 것이다. 그래서 이제 우리는 형이상학과 관련해서도 다음과 같은 의문을 갖게 된다.

자연적 소질로의 형이상학이 어떻게 가능한가?

즉 우리는 순수이성이 자신에게 던지게 되는, 그리고 될 수 있으면 잘 대답할 수 있기를 스스로에게 요구할 수밖에 없는 문제가 어떻게 보편적인 인간 이성의 천성에서 발생하는지에 관해서 의문을 갖게 된다.

그러나 이 자연스러운 문제들, 예를 들어 세계에 시작이 있는지, 또는 영원에서 존재하는지 등의 물음들에 답하려고 한 지금까지의 모든 시도에는 항상 피할 수 없는 모순들이 발견되었다. 그러나 그렇다고 해서 우리는 만족해서 머무를 수는 없다. 즉 우리는 (어떤 형이상학이든) 하여튼 형이상학이 항상 발생하도록 만드는 출처인 순수이성의 능력에만 만족하여 머물러 있을 수 없다. 오히려 우리는 자신이 형이상학의 대상을 아는지 모르는지에 관해서, 즉 형이상학이 묻고 있는 물음들의 대상을 결정하거나, 또는 대상들을 어떤 것이라고 판단하는 것과 관련해서 이성이 능력이 있는지 그렇지 않은지를 결정할 때 어떤 확실성에 이를 수 있도록 해야 한다. 따라서 우리는 우리 자신의 순수이성을 확실하게 확장하거나 그것을 일정하고도 확고하게 제한하는 것이 가능하게 해야 한다. 위에서 언급된 일반적 과제에서 생겨나는 최후의 물음은 당연히 다음과 같은 물음이 될 것이다. 학문으로서의 형이상학이 어떻게 가능한가?

따라서 순수이성의 비판은 결국 필연적으로 우리를 학문으로 인도하게 된다. 이와는 반대로 비판 없이 이성을 독단적으로 사용하면 그것은 우리를 근거 없는 주장들로 이끌게 되며 이 주장들은 똑같이 그럴듯한 다른 주장들과 대립하게 된다. 그래서 마침내 우리는 회의론에 빠지게 된다.

또한 순수이성의 비판으로서의 이러한 학문은 사람들을 대단히 놀라게 할 만큼 광범위한 것이 될 수는 없다. 왜냐하면 이러한 학문은 한없이 다양한 이성의 대상이 아니라, 단지 이성 자신에만 관계하기 때문이다. 즉 이러한 학문은 순전히 이성 자신의 뿌리에서 발생하는 과제들에 관계한다. 그리고 이러한 학문은 이성과 구별되는 사물의 성질을 통해서가 아니라 이성 자신이 제기하는 과제에 관계한다. 정말이지 이성이 경험 중에서 자신이 마주치게 되는 대상들에 관한 스스로의 능력을 미리 완벽하게 알았다면, 당연히 어렵지 않게 경험의 한계를 넘어서 자신을 사용하지 않도록 자신의 범위와 한계를 확실하게 정했을 것이다.

따라서 우리는 형이상학을 독단적으로 완성시키려 했던 지금까지의 모든 시도가 일어나지 않았을 것으로 볼 수 있고 또 그렇게 보아야 한다. 왜냐하면 이러저러한 독단론에서 분석한 것은, 즉 우리의 이성에 선험적으로 자리잡고 있는 개념을 단순히 분석한 것에 존재하는 것은 결코 고유한 의미에서의 형이상학의 목적이 되지 못하고, 단지 그것을 위한 준비, 즉 그것에 관한 선험적인 종합적 인식을 확장하려는 준비에 불과하기 때문이다. 개념을 단순히 분석하는 것은 선험적인 종합적 인식을 확장하는 데 도움이 되지 않는다. 왜냐하면 그러한 분석은 이러한 개념 안에 포함되어 있는 것을 단지 가리킬 뿐, 우리가 어떻게 이러한 개념들에 선험적으로 이르게 되는지는 보여주지 않기 때문이다. 사실 이런 과정이 있고 난 다음에야 우리는 비로소 모든 인식 일반의 대상과 관련하여 개념을 정당하게 사용하는 것도 결정할 수 있다. 또한 이와 같은 모든 주장을 그만두는 것은 단지 조금만 자신을 제어하면 된다. 왜냐하면 거부할 수 없는 독단론적 방법에서도 이미 오래전부터 이성의 자기 자신과의 모순이 지금까지 모든 형이상학이 누린 명성을 앗아가버렸기 때문이다. 사실은 그보다 더 많은 인내를 요하는 것, 즉 내적인 어려움이나 외적인 모순 때문에 결코 중단되어서는 안 되는 것이 있다. 그것은 바로 인간 이성에게 없어서는 안 될 학문을 지금까지와는 다르게 즉 지금까지 존재한 것과는 완전히 대립되게 다룸으로써 마침내 풍요롭고 결실 있는 성장에 이르도록 촉진하는 것이다. 물론 우리는 이런 학문에서 치솟는 줄기는 모두 쳐낼 수는 있지만, 그 뿌리마저 제거할 수는 없다.

VII. 순수이성 비판이라는 이름 아래 특수한 학문들의 이념과 구분

이제 이와 같은 모든 것에서 순수이성 비판이라고 부를 수 있는 하나의 특별한 학문의 이념이 생겨난다. 왜냐하면 이성은 선험적인 인식의 원리를 건네주는 능력이기 때문이다. 그러므로 순수이성은 원리, 즉 오로지 선험적으로만 인식할 수 있는 어떤 것을 담고 있는 이성이다. 순수이성의 기관이라면 그것은 모든 순수한 인식을 선험적으로 획득할 수 있도록 해 주고, 현실적으로 성립시켜줄 수 있는 원리들을 총괄하는 것이 될 것이다. 그와 같은 기관을 주도면밀하게 적용하면, 순수이성의 체계를 마련해줄 것이다. 그러나 이러한 일은 대단히 수고스러우며, 또한 우리의 인식을 확장하는 것이 도대체 이 경우 과연 가능한지, 가능하다면 어떤 경우에 가능한지는 여전히 해결되지 않은 채 남아 있기 때문에, 우리는 순수이성과 그것의 원천, 한계에 관해서 단순히 평가만 내리는 이와 같은 학문을 순수이성의 체계에 관한 예비학으로 간주할 수 있다. 이러한 학문은 순수이성의 교설Doktrin이 아니라 단지 비판Kritik이라고 불러야 할 것이다. 이런 학문이 지니는 유용성들은 *사변과 관련해서 볼 때는* 정말이지 소극적인 역할밖에 하지 못한다. 즉 그것들은 우리 이성을 확장하기 위해서가 아니라 단지 정화하기 위해서만 사용되며, 그리고 오류에서 자유로울 수 있도록 유지시켜준다. 따라서 이것만으로도 우리는 대단히 많은 수확을 얻은 셈이다. 나는 *대상이 아니라 선험적으로 가능한 한에서 대상 일반에 관한 우리의 인식 방식에 종사하는 모든 인식*을 초월적이라고 명명하고자 한다. 나는 그러한 개념의 체계를 초월철학이라고 부르고자 한다. 그러나 이 초월철학도 시작하는 이 단계에서는

여전히 벅찬 일이다. 왜냐하면 이러한 학문은 분석적 인식뿐만 아니라 선험적 종합적 인식도 완전히 담고 있어야 하며, 따라서 우리가 의도하는 것과 관련해서 볼 때 범위가 *너무나 넓기* 때문이다. 다시 말하면 우리는 선험적인 종합 원리를, 물론 이것만이 우리의 연구 대상이기는 하지만, 그것의 전체 범위를 완전히 파악할 수 있기 위해서 불가피하게 요구되는 정도로만 그러한 분석을 몰고 나가야 하기 때문이다. 이것은 다음과 같은 탐구에 관계한다. 인식 자체를 확장하는 것이 아니라 단지 그것을 바로잡을 목적만을 가지고 있기 때문에 우리가 본래 교설이 아니라 단지 초월적 비판이라고 부를 수 있는 이와 같은 탐구는, 그리고 모든 선험적 인식의 가치와 무가치를 가늠하는 시금석을 제공해야 하는 이와 같은 탐구는 우리가 지금 종사하는 탐구가 된다. 따라서 그러한 비판은 가능한 하나의 기관을 준비하는 것이 될 것이다. 그리고 비록 이와 같은 기관을 마련하는 것에 성공하지 못한다 하더라도, 적어도 그러한 것을 준비하는 데 규준은 될 것이다. 그러한 규준에 *따라서* 장차 불가피하게 순수이성의 완벽한 철학 체계가, 비록 이것이 순수이성의 인식을 확장하는 데 있든 제한하는 데 있든, 어쨌든 종합적으로뿐만 아니라 분석적으로도 제시될 수 있을 것이다. 왜냐하면 이러한 완전한 체계가 가능하다는 것은, 더군다나 그 체계가 우리가 그것을 완성하는 것을 기대하기 어려울 정도로 그렇게 대단히 광범

위한 것이 되지 않을 수도 있다는 점은 다음과 같은 사정에서 미리 추측할 수 있기 때문이다. 즉 여기서 주된 문제로 삼는 것은 끝없이 무한한 사물의 성질이 아니라 사물의 성질을 판단하는 지성, 그것도 단지 선험적 인식에만 관계하는 지성이다. 그리고 이러한 지성이 선험적으로 지니고 있는 것들은 우리가 외부에서 구할 필요가 없으며 더군다나 우리에게 감추어져 있을 수 없고 또한 우리의 추측만으로도 파악할 수 있을 만큼 분량이 매우 적기 때문에, 그것을 모두 취해도 그것들이 지니고 있는 가치 유무는 충분히 판정하고 또 정당하게 평가할 수 있다. *게다가 여기서 우리는 책을 비판하고 순수이성의 체계들을 비판하는 것을 기대해서는 안 된다. 오히려 우리는 순수이성 능력 자체에 대한 비판을 기대해야 할 것이다. 이러한 비판이 근저에 놓여 있을 때에만, 우리는 이 분야의 옛 작품과 새로운 작품들이 지니고 있는 철학적 내용들을 평가할 수 있는 확고한 시금석을 마련할 수 있다. 그렇지 않으면 자격 없는 역사가와 판정가가 다른 사람들의 근거 없는 주장들을 똑같이 근거 없는 자신의 주장을 통해서 평가하게 된다.*

초월철학은 여기에서는 한 학문의 이념이다. 이를 위해서 순수이성의 비판은 전체 계획을 건축술적으로 그려내야 한다. 즉 이 비판은 원리에서 그러한 설계를 그려내야 한다. 물론 그런 작업은 이 건축의 구성 요소가 되는 모든 부분의 완전성과 안전함이 충분히 보장되도록 *이루어져야* 할 것이다. *비판은 순수이성의 모든 원리의 체계이다.* 이 비판 자체는 아직 초월철학이라고 불리지 않는다. 왜냐하면 그것이 완전한 체계가 되려면 인간의 선험적 인식을 모두 상세하게 분석하는 것도 포함되어야 하는데 이 비판이 아직 거기까지는 이르지 못하고 있기 때문이다. 물론 우리의 비판은 정해진 순수 인식을 구성하는 모든 근본 개념을 완벽하게 헤아려 제시해주어야 한다. 그러나 이 비판에서 이러한 개념 자체를 완벽할 정도로 주도면밀하게 분석한 것이 제시되어야 할 필요는 없으며, 또한 그러한 개념에서 도출될 수 있는 것들을 완전하게 검토해야 할 필요도 없다. 왜냐하면 이러한 요구는 부당하기 때문이다. 우선 한편에서는 이런 분석이 우리의 목적에 적합하지 않다. 우리의 전체 비판이 과제로 삼고 있는 것을 위해서는, 종합의 경우에 우리가 마주치게 되는 어떠한 불확실성도 분석과 관련해서는 존재할 수 없다. 다른 한편에서는 이러한 분석과 도출을 완전하게 이루어내야 한다는 책임에 관여하는 것은 우리가 계획하는 것의 통일성과 배치되기 때문이다. 지금 우리가 의도하는 관점에서 볼 때 이런 분석과 도출은 하지 않을 수도 있다. 하지만 나중에 우리가 헤아려야 할 이러한 선험적 개념을 분석하고 그러한 개념에서 다른 개념들을 도출하는 것은 일단 그것들이 가장 먼저 종합의 원리들을 완벽하게 완결한 것으로 확립되고, 이러한 본질적 관점에서 그러한 개념들에 아무것도 부족한 것이 없게 되면 쉽게 완성될 수 있을 것이다.

따라서 순수이성의 비판에는 초월철학에 본질적인 모든 것이 포함되어 있다. 그래서 이 비판은 초월철학의 완전한 이념이기는 하지만, 아직은 학문 자체는 아니다. 왜냐하면 이 비판은 선험적인 종합 인식을 완전하게 평가하는 데 필요한 한에서만 분석하기 때문이다.

그러한 학문을 구분할 때 가장 우선적으로 주목할 것은 경험적인 어떤 것을 자체 내에 가지고 있는 그 어떤 개념도 포함시켜서는 안 된다는 점이다. 즉 선험적 인식은 완전히 순수해야 한다는 점이다. 그러므로 도덕의 최고 원칙과 그것의 근본 개념은 비록 선험적인 것이기는 하지만, 초월철학에 속해서는 안 된다. *왜냐하면 도덕의 최상의 원칙과 그 기본 개념은 전적으로 경험에 원천을 두고 있는 쾌나 불쾌, 욕망과 경향성, 자유로운 의지 같은 개념들을 명령의 근거로 두지는 않으나 의무의 개념에서 극복해야 할 장애로, 또는 움직임을 일으키는 원인이 되어서는 안 되는 자극으로, 순수한 도덕성의 체계를 구성하는 데 필연적으로 함께 들어가지 않으면 안 되기 때문이다.* 따라서 초월철학은 오로지 순수한 사변이성이 세계에 대해서 갖게 되는 앎에 관한 것이다. 실천적인 것은 모두 그것이 일어나게 한 원인이 있는 한, 경험적 인식에 속하는 감정에 관계되어 있기 때문이다.

그런데 우리가 이러한 학의 구분을 체계 일반의 보편적 관점에서 세우려면, 우리가 지금 제시하려는 구분은 일차적으로는 순수이성의 원리론을 포함해야 하고, 이차적으로는 순수이성의 방법론을 포함해야 한다. 이러한 주된 부분에는 각각 하위 부분이 따른다. 그렇지만 이것들에 관한 근거들은 아직 여기서 설명해야 할 것은 아니다. 들어가는 말이나 예고의 차원에서 다음의 것들만은 언급할 필요가 있다. 즉 이 단계에서는 인간의 인식에는 두 개의 줄기가 있고, 이 줄기는 하나의 공통된 뿌리를 지니고 있지만, 우리에게는 알려지지 않은 뿌리에서 나온다는 것만을 언급하기만 하면 된다. 다시 말하면 여기서는 감성과 지성이 존재한다는 것만 언급되면 된다. 전자를 통해서 우리에게 대상이 주어지지만, 후자를 통해서는 대상이 사유된다. 그런데 감성은 대상이 우리에게 주어지는 *조건*들을 형성한다는 선험적 표상들을 포함하고 있는 한, 그것들은 초월철학에 속한다. 초월적 감성론은 원리론의 제1부에 속해야 한다. 왜냐하면 인간 인식의 대상이 주어지는 조건은 인식의 대상을 생각하게 해주는 조건보다 앞서기 때문이다.

이성적 능력에 대한
비판적 탐구,
순수이성 비판

1. 이마누엘 칸트의 생애와 사상

이마누엘 칸트는 1724년 4월 22일 쾨니히스베르크 교외의 어느 가난한 마구 기술자의 아홉 아이 중 넷째로 태어났다. 가난한 환경에서 자란 그에게 큰 도움을 준 사람은 신학원 교사이자 신학교 교수인 프란츠 알베르트 슐츠Franz Albert Schulz였다. 독일의 위대한 계몽주의 철학자 크리스티안 볼프의 제자인 슐츠는 칸트의 재능을 일찌감치 알아보고, '경건주의자의 피난처'라고 불리는 프리드릭스 김나지움에서 엄격한 교육을 받도록 했다. 칸트는 이곳에서 라틴어 강의를 많이 들었고, 여러 분야에 관심을 가졌지만, 뒷날 회고하기를 이 시절의 학습 환경에 대해서는 대부분 두려움과 불안을 느꼈다고 한다.

하지만 그는 이러한 환경 속에서 역시 경건주의적 분위기를 풍기는 어머니를 존경하며 열세 살의 소년이 되었다.[31] 그리고 열여섯이 되던 해 쾨니히스베르크 대학에 입학해 가정교사를 하면서[32] 또한 친구들의 도움을 받기도 하면서 수학, 자연과학, 신학, 철학, 라틴문학 등을 공부했다. 그는 특히 볼프의 제자로 논리학과 형이상학을 가르치고 있었던 마르틴 크누첸Martin Knutzen에게서 논리학과 수학에 대해 도움을 많이 받았으며, 그후 자연과학에 더욱 관심을 가지면서, 마침내 아이작 뉴턴Isaac Newton의 물리학에 심취하게 되었다. 그는 계속 가정교사를 하면서, 자연과학과 철학을 더 깊이 공부해나갔다. 스물두 살이 되자 그는 "나는 내가 견지하려고 하는 내 행로를 이미 그려놓고 있다. 나는 내 행로를 밟아나갈 것이고, 어떤 것도 내가 그것을 수행하는 데 방해가 되지 못할 것이다"라고 주장할 만큼 자신의 미래 삶에 대한 뚜렷한 확신을 가지고 있었다.

그는 이러한 태도로 1750년대를 온통 자연에 관한 연구에 집중했고, 마침내 1755년 〈불에 관한 연구〉[33]로 쾨니히스베르크 대학에서 철학박사 학위를 받았다. 그리고 같은 해 〈형이상학적 인식의 제1원리에 관한 새로운 해명〉[34]이라는 논문으로 교수 자격을 취득했으며 가을에 처음으로 대학 강단에 서게 되었다. 그러나 그는 생활고를 해결하기 위하여 주당 16시간에서 20시간까지 고된 강의를 해야만 했다. 이로 인해 1757년에서 1761년까지는 저술 활동을 거의 할 수 없었다. 그 사이 두 번에 걸쳐 교수직에 도전했으나 실패에 그

첬고,[35] 크누첸이 사망하고 공석이 된 자리도 결국 나이 많은 동료 부크E. J. Buke에게 돌아가고 말았다. 칸트가 쾨니히스베르크 대학에서 논리학과 형이상학을 담당하는 교수직을 공식적으로 얻게 된 것은 그의 나이 마흔여섯이 되던 1770년이었다.[36]

칸트는 대학에서 강의를 할 때 철학이 아니라 철학함philoso-phieren, 즉 편견 없이 비판적으로 사고하는 것을 가르친다고 생각했다. 그는 매우 치밀한 분석가였으며, 또한 세계에 대한 다양한 지식을 추구했던 폭넓은 안목을 가진 학자였다. 그래서 그의 강의는 단순히 논리학과 형이상학에 제한된 것이 아니라 물리학, 지리학, 교육학, 종교학, 도덕학, 법철학[37] 등 대단히 광범위하게 이루어졌다.

그러나 그는 학문에만 심취한 것이 아니라 사회적 활동에도 적극적으로 참여했다.[38] 특히 사교계의 가장 인기 있는 여인 마리아 샤로타 야코비Maria Charotta Jacobi가 연민의 정을 담은 키스를 보낼 만큼 그는 매우 매력적인 언술가였다.[39] 물론 칸트의 이런 활동이 결코 그의 학문적 활동을 방해하지는 못했다. 1780년대에 접어들면서 그는 많은 연구서들을 쏟아놓게 되며, 그후로도 꾸준히 저서를 출간했다.[40] 이와 같은 작업은 일정한 계획에 따라 생활한 그의 삶과 결코 무관하지 않았다.[41] 유명한 일화가 보여주듯이, 독신자였던 그는 단 하루를 제외하고는 매일 오후 네 시에 산책을 했다. 그러나 그의 이러한 엄격하고도 성실한 생활에도 어려움은 있었다. 그는 성서의 기본적인 가르침을 곡해했다고 하여 프리드리히 빌헬름 2세에게 괴로움을 당하기도 했다.[42] 그는 더 이상 종교에 관한 강의를 하지 않는다는 조건 아래서 계속 강단에 설 수 있었다.

그는 말년에 육체적으로나 정신적으로 급속히 노쇠해져 결국 1804년 2월 12일 오전 11시경에 생을 마감했다.[43] 1804년 2월 28일 칸트는 도시의 모든 종이 울리는 가운데 수천 명의 군중이 따르는 장례 행렬의 추모를 받으며 쾨니히스베르크 대학 성당으로 인도되어 교수 묘역에 안장되었다. 그의 묘비에는 다음과 같이 적혀 있다.

내가 두 가지 대상을 여러 차례 그리고 오랫동안 성찰하는 데 종사하면 할수록, 그 두 가지 대상은 더욱 새롭고 높아지는 경탄과 외경을 내 마음에 가득 채운다. 이 두 가지는 '내 머리 위 별이 총총한 하늘과 내 마음속의 도덕법칙이다.

이처럼 그는 자연 세계와 도덕 세계, 존재와 당위, 이론이성과 실천이성의 관계를 고민하면서 이 둘 사이의 조화를 모색하는 것을 자신의 철학의 평생 과제로 삼았다. 그리고 이와 같은 작업을 할 때 계몽 정신, 과학 정신, 도덕 정신, 예술 정신, 종교 정신 이 모두를 비판적으로 조화시키고자 했다.

그의 비판철학의 정신은 이들 중 어느 것 하나에도 절대적 우위권을 주지 않으려고 했다.[44] 그는 계몽이 오만함으로 전락하는 것을 원치 않았으며, 시간과 공간을 넘어 과학이 초월적 존재까지 인식의 영역 안으로 끌어들이는 것을 원치 않았다. 또한 그는 예술이 쾌락주의로, 도덕이 행복론으로, 종교가 기복성으로 흐르는 것을 경계했다. 나아가 이들 영역이 조화를 이루는 것을 하루 아침의 혁명으로 가능하다고 보지 않았으며, 또한 인간의 힘만으로 가능하다고 보지도 않았다. 그는 역사 속에서 한 개인이 아니라 인류가 점진적으로 발전해나감으로써 그와 같은 것이 가능하기를 희망했다. 심지어 우리 모두가 자유롭고 목적으로 대우받는 목적의 왕국, 영구 평화의 왕국에 들어가는 것은 신의 은총 속에서만 가능하다고 주장하기도 했다. 결국 그의 삶과 철학은, 하늘의 세계와 마음의 세계 사이에서 서로 경계를 넘나들지 않으면서 조화를 이루어 영원한 평화의 상태를 마련하는 것을 향해 있었다.

2. 《순수이성 비판》의 탄생 배경

한 시대가 주목한 훌륭한 작품이 있다면, 그것은 분명 그 시대의 삶이 갈망하는 내용을 담고 있다고 보아야 할 것이다. 그렇지 않았다면 그 작품은 이미 그들의 관심에서 멀어졌을 것이다. 칸트의 《순수이성 비판》이 당시 지성계에서 매우 중요한 관심사였다면, 그 작품 역시 시대가 절박하게 찾고 있는 요소와 직간접적으로 연관되어 있었을 것이다. 따라서 칸트의 이 저작을 제대로 이해하려면 반드시 그가 호흡하며 살았던 시대의 상황을 먼저 고찰해야 한다.

익히 알다시피 칸트가 살았던 18세기는 계몽주의적 가치관이 사회 전반에 파급되던 시기였다. 계몽주의는 인간의 이성이 절대자에 예속되어 있던 굴종의 시대를 끝내고 이성 스스로 용기를 가지고 자유를 향해 새로운 모험을 감행하는 것을 중요한 가치로 삼고 있었다.[45] 그러므로 이 시기는 인간이 감행하는 지각의 활동과 사유의 활동으로 합리성이라는 망을 구축하여 자신들의 자유와 권리를 확보하는 시기였다. 감각 지각을 통하여 관념의 세계를 구축하든, 사유 활동을 통하여 개념의 세계를 구축하든 그들의 작업은 이미 주체의 자유를 향해 있었다. 그래서 칸트는 이성은 한쪽 손에는 원리를, 다른 손에는 실험을 들고서 학생의 자격에서가 아니라 재판관의 자격에서 자연을 입법하는 자가 되어야 함을 역설했다(KrV, B XIV).

그러나 칸트는 주체의 자립성과 자율성을 이렇게 주장하면서도, 주체가 과도하게 월권 행위를 하는 것을 경계하고자 했다. 그래서 그는 독단주의를 배격하고자 했다. 물론 과거처럼 주체가 굴종하거나 절망하는 맹신주의나 회의주의에서도 벗어나고자 하였다. 그의 비판적 주체는 지나친 오만함과 무력함 사이의 겸손에 바탕을 둔 주체이다. 그래서 그는 《순수이성 비판》에서 감성, 지성, 이성 중 그 어느 것에도 절대 우위를 허용하지 않고 각자 자신의 역할을 온전히 수행하는 데 서로의 도움이 필요하도록 설정해놓았다. 즉 그는 이들 능력 사이에 삼권 분립을 제대로 마련해놓고자 했다. 칸트의 이와 같은 비판 정신은 당시의 상황과 깊이 연관되어 있었다.

(1) 정치·사회적 배경

칸트가 태어났던 18세기 초 유럽은 5대 강국, 이른바 프랑스, 영국, 러시아, 프로이센, 오스트리아에 의해 지배되었다. 당시 전통적인 신성 로마 제국과 동쪽의 오스만 터키는 쇠망해갔고, 한때 막강한 힘을 과시했던 스페인, 포르투갈, 네덜란드, 스웨덴 등도 점차 국제정치의 배경에서 사라져가고 있었다. 반면 프랑스와 영국은 활력이 넘치면서 침략을 감행했고, 프로이센과 러시아는 안정 세력을 구축하여 강대국으로 급속히 성장하고 있었다. 칸트가 태어났던 프로이센에서는 매우 탁월한 지도력을 발휘한 호헨촐러른 가家가 약소국을 위협하면서 강대국으로 급부상하고 있었다. 한편 러시아도 로마노프 왕조의 군주들에 의해 근대국가로 발돋움하고 있었으며, 오스트리아 역시 합스부르크 가를 중심으로 보헤미

아, 헝가리, 이탈리아의 영토와 오스트리아령 네덜란드를 영유하는 강력한 국가로 부상하고 있었다.

이처럼 18세기 초는 이들 강대국들이 서로 팽창하면서 균형을 유지하는 근대적인 국제정치 무대를 형성하고 있었다. 이들은 각기 독립과 공존을 목적으로 하면서 동시에 침략과 확장을 도모했으며, 또 어느 한 나라가 절대 우위에 있는 것을 막기 위하여 외교 관계와 동맹이 활발하게 이루어졌다. 칸트가 살았던 프로이센은 프랑스, 영국, 러시아를 견제하면서 급성장했다. 후에 독일제국의 기반이 되는 프로이센은 원래 지방의 작은 제후국가인 브란덴부르크에서 출발했다. 이곳은 신성 로마 제국의 변경주邊境州로 동쪽의 슬라브 민족에 대항하는 그리스도교 문화의 전초지였다. 그러나 이곳은 점차 루터파로 개종되면서, 30년전쟁과 빌헬름Friedrich Wilhelm의 강력한 중앙집권화와 군사력 증강으로 프리드리히 3세에 이르러 프로이센 왕국이 확립되며, 1701년에는 신성 로마 제국이 프리드리히 1세라는 왕위를 내렸다. 이때는 아직 칸트가 태어나지 않았다. 칸트가 태어나 청년기를 보냈던 시기는 프리드리히 빌헬름 1세 때였다. 가부장적 정치 체제 아래 풍부한 자원과 군사력 증강으로 프로이센을 일급 국가로 만든 이 왕은 왕권신수설을 기본 바탕으로 하고 있었다. 칸트는 바로 이 점을 못마땅하게 생각했다. 그는 가부장적 정치 체제를 강력히 반대했으며,[46] 그래서 국민이 여론을

통하여 저항할 수 있는 길을 마련하고자 했다.[47]

그러나 프리드리히 2세는 유럽에서 일급 강국이 된 프로이센을 더 이상 가부장적 정치 체제로 몰고 가려고 하지는 않았다. 아버지와 달리 스파르타식 훈련을 거부했으며 프랑스 시와 플루트를 좋아했던 그는 문화정책을 추구했다. 물론 그 역시 아버지와 비슷한 부분이 전혀 없지는 않았다. 즉 그도 강력한 군주가 되고자 했던 것이다.

하지만 당시의 문화와 사조에는 이런 중앙권력 중심의 강력한 통치에 비판적인 목소리가 담겨 있었다. 칸트가《계몽이란 무엇인가》에서 계몽을 이성을 스스로 사용하는 용기를 갖는 것으로 규정하고 있듯이,[48] 당시에는 전통과 권위에 도전하는 비판 정신이 활발하게 등장하고 있었다.[49] 그래서 과학, 종교, 예술 등에서 지적인 혁명이 일어나고 있었다. 이 혁명은 휴머니즘적인 차원을 바탕으로 초자연적인 것을 자연적인 것으로 대치하여 인간의 이성으로 모든 것을 처리하려는 낙관주의 방향으로 나아가고자 했다. 칸트 역시 이러한 입장에서 과학의 긍정성을 확보하고, 나아가 도덕적 인간의 완성을 통하여 참된 인간을 구현하고자 했다. 또한 그는 맹목적 믿음보다는 도덕적 삶을 더 중시해 은총보다는 도덕적 삶이 우선되어야 한다는 입장에서 자연신학보다는 도덕신학을 주장했다.[50] 그는 자신의 역사철학에서 이러한 점진적 진보의 가능성을 신뢰하고 있었다.[51]

그러나 칸트가 근대 일반의 과학적 진보론자나 인간 중심주의자들과 같은 주장을 하고 있지는 않았다. 그는 이성의 자율성과 자발성도 주장했지만, 한계성도 주장했으며, 나아가 인간의 힘만으로 가능하지 않은 신의 은총을 주장하기도 했다. 더군다나 그는 계몽과 관련하여 이성의 권리만 주장한 것이 아니라 복종도 주장했다.[52] 나아가 그는 혁명보다는 개혁을 중시했으며, 그것도 아래에서가 아니라 위에서부터 이루어지는 것이 현실적이라고 생각했다. 이처럼 칸트는 한편에서는 주체의 자유와 권리를 주장하는 근대성을 강조했지만, 다른 한편에서는 절대자에 의존하는 전근대성에 시선을 돌리고 있었다. 좋게 말하면 그는 전통과 근대를 조화시키려고 했던 것이고,[53] 나쁘게 말하면 이들 양쪽의 눈치를 보는 기회주의자로 비난할 수도 있다.[54] 칸트의 이와 같은 단면에는 당시 프로이센 왕국의 전근대성과 근대성, 진보성과 보수성의 갈등이 잘 나타나 있다.

(2) 학문적 배경

사실 18세기 사유 혁명은 17세기의 과학 혁명에서 비롯되었다고 해도 과언이 아니다. 17세기 중반까지 유럽 문명은 과학과 과학적 태도를 중시했다. 특히 17세기 과학은 실험과 원리를 통하여 관찰하고 수학적 계산에 의해 자연을 합리적으로 고찰하는 것을 중시했다. 코페르니쿠스의 지동설과

케플러의 법칙,55 갈릴레이의 관찰,56 뉴턴의 중력 법칙57은 17세기 과학에 주도적인 영향을 미쳤다. 이들 과학으로 인하여 18세기 사상은 더 이상 절대적인 존재에 근거하여 단순히 믿고 따르는 삶을 추구하지 않고 이성을 통하여 합리적으로 납득이 되는 것을 추구하게 되었다.

칸트 역시 이런 과학적 발전의 양상을 예의 주시했고 초기에는 주로 자연과학적인 문제에 많은 관심을 가졌다. 따라서 그의 최초의 글도 〈활력의 올바른 측정에 관한 사상들〉(1746)58이었으며, 그후에 나온 초기의 글들도 대부분 이런 주제에 관한 것이었다. 뉴턴의 원리에 따라서 다루어진 《보편적인 자연사와 천체 이론》(1755)59이나 박사 학위논문인 《불에 관한 연구》(1755), 교수자격 논문인 《형이상학적 인식의 제1원리에 관한 새로운 해명》(1755), 그 밖에 《물리적 단자론》(1756),60 《바람에 대한 이론의 해명에 관한 새로운 주석》(1756)61 등도 모두 제목에서 알 수 있듯이 자연학의 주제를 다루고 있다. 이 시기의 그의 글들은 뉴턴의 물리학적 입장을 당연하게 수용하고 있었다. 이런 태도는 이후의 철학에도 일관되게 영향을 미쳤다. 그는 이러한 과학적 진보와 고전 물리학의 발전에 비례하여 학문으로서의 형이상학의 가능성을 모색하고자 했다. 이러한 그의 관심은 비판기 철학에서 집중적으로 다루어지게 되었다.

한편 그는 비판 전기(前期)에는 볼프62 철학을 많이 따르기는 했지만, 안셀무스와 데카르트의 영향을 받고 있었던 라이프니츠-볼프의 이론,[63] 특히 충족이유율을 비판하면서 신의 존재를 증명하려고 하는 것을 비판했다.[64] 이와 같은 비판적 작업은 《형이상학적 인식의 제1원리에 관한 새로운 해명》(1755), 《삼단논법의 네 가지 격에 관한 잘못된 세분화》(1762),[65] 《신 존재의 증명에 관한 유일 가능한 논거》(1762),[66] 《자연신학과 도덕의 원칙들의 판명성에 관한 연구》(1762년 완성, 1764년 출판),[67] 《부정적 크기의 개념을 세계 지(知)에 도입하려는 시도》(1763),[68] 《형이상학의 꿈을 통하여 해명된 어느 시령자의 꿈》(1766)[69] 등으로 이어졌다. 그는 이러한 작업을 해나가면서 형이상학을 이전의 철학자들처럼 이성의 체계로 규정하지 않고, "인간 이성의 한계에 관한 학문"으로 규정했다. 그는 이 당시 흄의 《인간지성론》(1748)[70]에서 주장하고 있는 독단적 형이상학에 대한 비판을 수용하여 독단의 선잠에서 깨어났다.[71]

이어 그는 비판기로 이행하는 시기에 쓴 교수 취임 논문인 《감성계와 지성계의 형식과 원리들에 관하여》(1770)[72]에서 나타나는 대로의 사물을 인식하는 '감성적 인식'과 존재하는 사물들 그 자체를 인식하는 '지성적 인식'을 구별하는 것이 필수적임을 지적했다. 그러나 여기서는 아직 감성과 독립적으로 존재하는 물자체에 대한 인식을 인정하고 있었다.[73] 그러므로 이 시기는 아직 이성 자신의 능력과 학문으로서의 형이상학의 성립 가능성에 대해 엄격하고도 철저한 비판이 충분히 실현되지 못했다. 그는 초감각적인 실재가 있다는 것을 부정하지는 않지만, 과거의 형이상학자처럼 그것의 실재를 증명하려고 하는 것에 회의적인 반응을 보이는 정도에 머물러 있었다. 즉 기존의 사변적 형이상학은 과학적이며 논증적인 지식의 대상이 될 수 없다는 점을 제시했다.[74]

이러한 입장은 '감성과 이성의 한계'(1771)[75]라는 제목을 붙이려고 한 글에서 더욱 분명하게 제시되며, 이러한 태도는 그의 대표적인 저술인 《순수이성 비판》(1781)에서 가장 중심적이고 체계적으로 다루어졌다. 그는 여기서 단순히 '생각'할 수 있는 세계와 '인식'할 수 있는 세계는 구별되어야 한다고 주장했다. 그의 이 저작은 감각을 통하여 주어지는 내용이 없으면 우리의 생각은 비어 있고, 우리의 생각의 틀인 개념이 없으면 감각적 경험은 맹목적이라는 입장에서 전자의 입장에 서 있는 이성론[76]자도, 후자의 입장에 서 있는 경험론자도 모두 비판하고 이들을 종합하고자 했다. 따라서 그는 재래의 형이상학이 감각적으로 경험할 수도 없는 세계를 과학적인 방식으로 논증하는 것은 부당하다고 보았다.

그러나 많은 사람들이 칸트의 이런 입장을 오해하게 되어 그는 《학문으로 등장할 수 있는 미래의 모든 형이상학에 대한 서설》이라는 저술을 내놓았으며, 초판을 수정한 재판 《순수이성 비판》(1787)을 다시 출판했다. 그리고 그는 도덕 세계에 대한 체계적인 확립과 관련하여 《윤리형이상학 정초》(1785), 《실천이성 비판》(1788)도 저술했다. 그는 이런 작업을 통하여 사실 세계를 다루는 자연학이 어떻게 학문으로 성립될 수 있는가에 대한 논의와 함께, 가치 세계를 다루는 도덕학이 어떻게 학문으로 성립될 수 있는지를 다루었다. 나아가 그는 이 두 세계, 즉 자연의 결정된 세계와 도덕의 자유 세계를 연결짓는 《판단력 비판》(1790)을 저술했다. 이후 그는 《순수이성의 한계 내에서의 종교》(1793)라는 저서와 《만물의 종말 *Das Ende aller Dinge*》(1794) 등에서 참된 종교의 길을 제시하고 있으며, 《영구 평화론》(1795), 《윤리형이상학》(1797) 등에서 정치철학, 법철학, 도덕철학에 대한 체계적인 연구를 제시했다. 또한 계속해서 그는 《실용적 관점에서의 인간학》(1798), 《학부 간의 논쟁 *Der Streit der Fakultäten*》(1798)도 출간했다. 그리고 그의 말기 철학의 내용이 담겨 있는 《유작》도 그가 죽고 난 후 출간되었다(이외에도 다수의 강의록이 출판되었다. 《철학적 종교론에 관하여》(1817), 《형이상학》(1821), 《인간한 혹은 철학적 인간학》, 《윤리학》). 특히 《유작》에서는 독일관념론의 맹아를 보여주었다.[77]

그러나 이미 앞에서 밝혔듯이 이 해설서는 이 저작들을 모두 분석하고 평가하는 데 목적을 두고 있지 않다. 이 책은 칸트의 가장 핵심적인 저작인 《순수이성 비판》을 중심으로 그의 철학의 기본 정신을 해설하는 데 기본적인 목적을 두고 있다.

3.《순수이성 비판》의 주요 내용

(1) 들어가는 말

해제는 크게 여섯 절로 이루어져 있다. 1절에서는 칸트가 기존의 형이상학을 어떻게 평가하면서 자신의 형이상학을 정립하고자 했는지를 소개하고자 하며, 2절에서는 왜 칸트가 인식 대상에서 인식 주체에 중심을 두는 방향으로 바꾸었는가에 대한 그의 입장을 제시하고 있으며, 3절에서는 감성의 감각적 내용이 없이는 인식이 이루어질 수 없음을 밝히고 있다. 그리고 4절에서는 감각을 통하여 아무리 많은 내용이 들어오더라도 그것을 정리하고 분류하며 종합하지 않으면 인식이 제대로 성립될 수 없다는 것을 제시하고 있으며, 5절에서는 인간이 눈에 보이지 않는 세계를 증명하려고 할 때 발생하는 문제점을 제시하고 있다. 그리고 마지막 6절에서는 칸트가 궁극적으로 추구하고자 하는 형이상학이 어떤 형이상학인지를 밝히고, 나아가 전체《순수이성 비판》이 무엇을 의도하고 있는지를 밝힌다.

(2) 《순수이성 비판》의 목적

칸트는 《순수이성 비판》의 초판과 재판의 서문, 그리고 《학문으로 등장할 수 있는 미래의 모든 형이상학의 서설》의 머리말에서 기존의 형이상학에 비판적인 접근을 시도하고 있다. 그리고 그는 영혼, 자유, 신의 존재에 관하여 다루는 형이상학이 실재에 대한 지식을 확장시켜줄 수 있는지를 묻고 있다. 그가 이런 물음을 제기하는 이유는 수학이나 자연과학은 진보를 보증하고 있는 데 반해 한때 모든 학문의 여왕이었던 형이상학은 "끝없이 전개되는 논쟁의 싸움터"[78]가 되고 있기 때문이다. 칸트는 형이상학이 이런 어려움에 직면하게 된 것은 형이상학에는 이들 과학처럼 확실한 방법이 구비되어 있지 않기 때문이라고 본다. 그래서 칸트는 형이상학에는 "왜 확실한 학문의 길이 아직도 발견되지 않았는가? 그 길을 찾는 것이 가능한가?"[79]라는 질문을 제기하게 되었다.

칸트에 따르면 기존의 형이상학은 이와 같은 질문에 관해 철저하게 답을 찾으려는 노력이 미흡했다. 기존의 형이상학은 인간의 사유 작용을, 경험을 넘어서 초감각적인 실재에 적용하여 마치 그것을 인식할 수 있는 것처럼 주장하는 데 머물렀지, 그것이 진정 학문으로서의 자격을 갖춘 인식이 될 수 있는지는 더 깊이 묻지 못했다. 그래서 칸트는 사유 능력 주체인 이성 자신의 능력을 비판하지 않고 이성을 월권적으로 사용하는 것을 독단론이라고 규정했다.[80] 그는 이와 같은 독단론을 벗어나기 위해서는 "이성이 모든 경험에서 독립하여 이르고자 하는 모든 인식과 관련하여 행하는 이성의 능력에 대한 비판적 탐구"[81]를 엄정하게 수행해야 한다고 했다. 이것은 지성과 이성이 경험을 벗어나 얼마나 정당하게 역할을 수행할 수 있는가에 관한 물음이기도 하다. 그러므로 칸트가 이성을 비판하는 것은 정신적 실체로서의 이성의 성격에 관한 것이 아니라 대상을 인식하는 주체의 순수한 조건들에 관해서 탐구하기 위한 것이며, 이와 같은 탐구를 수행하는 것이 칸트에게는 초월철학이 된다.

이처럼 《순수이성 비판》은 재래의 모든 형이상학을 비판하고 초월철학[82]을 정립하는 것을 목적으로 하고 있다. 그의 이런 작업은 볼프의 형이상학을 분석하는 것과 대단히 밀접하게 연관되어 있다. 토마스 아퀴나스 이래 가장 뛰어난 스콜라 철학자 수아레스Francisco Suárez의 경우만 하더라도 자연신학과 존재론, 형이상학과 존재론을 동일시했는데, 볼프에 이르러 형이상학은 존재론으로서의 일반 형이상학과 우주론, 영혼론, 자연신학을 포함하는 특수 형이상학으로 분리되었다. 그는 이와 같은 분리 아래 전통 형이상학의 초월적 대상들이 아니라 존재론이나 자연학의 개념에 관심을 집중했으며, 그래서 전통 형이상학의 중심 개념이라고 할 수 있는 완전성, 질서 등의 개념보다는 공간, 시간, 지속, 힘 등의 개념을 중시했다. 따라서 볼프의 우주론에는 계속해서 발전하고 있는 당시의 자연과학들에 관한 그의 학문적 관심이 반영되어 있으며, 존재론 역시 과거의 권위를 어느 정도 벗어나 새롭게 학문으로서의 형이상학을 구축하려는 모습을 보여주었다. 그래서 그는 전통적인 존재론이 지니고 있는 본질을 파악하는 능력을 수용하면서도 동시에 그것을 새로운 과학 개념 속에 정초하려고 했다.

그러나 볼프의 이와 같은 태도에는 이미 종래의 존재론을 완전히 벗어나지 못하는 측면이 있었다. 그는 형이상학과 존재론을 분리시키고자 했지만, 토마지우스Christian Thomasius와는 달리 '구원의 철학philosopia perennis'을 포기하지 않았으며 여전히 스콜라적인 형이상학에 기대고 있었다. 그러나 칸트는 형이상학과 존재론을 분리시키고자 한 볼프의 입장을 더 철저하게 밀고 나가,《순수이성 비판》의 '초월적 분석론Transzendentale Analytik'에서 존재론을 '진리의 논리학Logik der Wahrheit'과 관련하여 다루고, 형이상학, 이른바 특수 형이상학의 영역인 영혼론, 우주론, 자연신학을 '초월적 변증론Transzendentale Dialektik'에서 '허구(착각)의 논리학Logik des Scheins'과 관련하여 다루고자 했다. 그는 이와 같은 탐구 과정에서 특수 형이상학의 영역이 이론적 인식의 학문이 되는 것을 배격했다. 즉 그는 특수 형이상학의 영역에서 다루어지는 영혼, 자유, 신이라고 하는 대상에 관한 인식 가능성을 이론적으로 구축하려는 주장은 모두 허구를 유발하고 있다고 비판했다.

　그러나 칸트의 이와 같은 분명한 입장에도 불구하고 그가 사용하는 형이상학이라는 용어는 다소 애매하게 느껴진다. 그는 한편으로는 순수한 선험적 인식과 관련하여 이성의 능력을 탐구하는 것을 비판철학이라고 하고, 순수이성의 능력으로 이를 수 있는 지식 전체를 체계적으로 표현한 것을 형이상학이라고 부른다. 형이상학이 이와 같은 의미로 사용된다면 그가 주장하는 비판철학은 형이상학의 예비학으로 형이상학 영역의 바깥에 있게 되며, 심지어 그것과 대립되기도 한다.[83] 그러나 다른 한편으로 칸트는 형이상학이라는 용어를 비판철학을 포함하는 순수 철학 전체에 적용하기도 한다.[84] 이 경우에 비판철학은 형이상학의 제1부가 된다.

　한편 칸트는 형이상학을 '소질로서의 형이상학'과 '학문으로서의 형이상학'으로 구별하기도 한다. 전자의 경우는 누구나 초월적 존재인 신이나 영혼 그리고 내세 같은 것에 대한 지식을 확립하려고 하는 것으로, 이것은 인간 이성에게 자연스러운 것이며, 따라서 조절하거나 근절하는 것이 불가능하다. 그러나 이것이 후자의 형이상학, 즉 '학문으로서의 형이상학'이 되고자 할 때는 문제가 될 수밖에 없다. 지난날의 형이상학이 범한 오류는 바로 전자의 형이상학을 후자의 형이상학으로 정립하려는 데서 비롯되었기 때문이다. 그래서 칸트는 비판철학의 과정을 거쳐 '학문으로서의 형이상학'의 가능성을 근본적으로 다시 묻고 들어가는 작업을 수행한다.

그에 따르면 "인간의 이성은 바로 이성 자신의 본성상 스스로에게 부과될 수밖에 없는, 그래서 달리 피할 수도 없는 물음들로 인해, 더군다나 그러한 물음들이 자신의 모든 능력을 넘어서 있어 스스로가 답할 수 없기 때문에 괴로워한다."[85] 그러나 인간의 이성은 이런 어려움 때문에 그 어려움을 피하고자 자신의 능력을 넘어선 세계를 서둘러 이론화하려고 하며, 그로 인해 독단적 형이상학을 구축하게 된다. 칸트는 이와 같은 점에 유의하면서 형이상학도 순수 수학이나 순수 자연과학처럼 객관적 인식이 가능한지 묻는다. 다시 말해 이들 수학이나 자연과학의 경우와 관련해서는 그것이 가능한지의 여부를 묻기보다는 '어떻게' 가능한가를 묻고 있다면, 그는 학문으로서의 형이상학의 경우에는 그것이 과연 가능한가를 묻고 있다. 그는 전자와 관련하여 학문 일반의 자격 조건을 사실적 차원에서 아니라 권리적 차원에서 마련하고자 하며, 바로 이 작업을 '초월적 분석론'에서 다루고 있다. 그리고 후자와 관련하여 그는 초재적 존재인 영혼, 자유, 신과 같은 것들에 관한 이론적 학문을 구축하는 것이 부당함을 밝히고자 하며, 바로 이 작업을 '초월적 변증론'에서 다루고 있다.[86]

그리고 그는 이와 같은 작업을 통하여 사변이성의 한계를 지적하고 나아가 실천이성의 정당한 길을 제대로 열어주고자 한다.[87] 그래서 그는 자신의 비판철학을 통하여 자연형이상학에서 도덕형이상학으로 나아가는 길을 열어주고자 한다.[88]

(3) 지구를 돌린 코페르니쿠스

칸트의 철학은 기존의 철학이 갖고 있는 경험론의 회의적인 면이나 이성론의 독단적인 면에서 벗어나기 위해 일대 혁명을 시도한 철학이다. 그에 따르면 경험론은 모든 원리와 법칙을 경험에서 귀납적으로 도출하기 때문에 학문이 갖추어야 할 보편성과 필연성이 나오지 않는다. 즉 모든 인식이 철저하게 감각 경험에서 성립된다는 입장을 취하게 되면 원리와 법칙은 모두 개연적일 수밖에 없으며, 따라서 학문이 갖추어야 할 보편성과 필연성이 확보되지 않는다.

다른 한편 이성론의 경우는 독단적인 면에서 벗어나기가 어렵다. 왜냐하면 이성론에서는 우리의 법칙이나 원리의 근거가 되는 지성의 개념적 작업이 경험에서 주어지는 감성의 소재를 넘어서기 때문이다. 즉 이성론에서는 사유 작용이 감각 경험에서 주어지는 소재가 없는 상상의 세계에까지 확장되기 때문이다.

적어도 칸트는 인식의 소재가 경험에서 나와야 하고, "인식이 경험에서 시작되는 것은 아니지만 경험과 함께 시작되어야 하기" 때문에 사유 작용만으로는 인식이 성립할 수 없다고 생각한다. 적어도 우리의 모든 인식의 객관성은 경험적 토대 위에서 이루어져야 한다. 칸트가 보기에 최소한 우리 인간에게는 생각과 존재를 곧 바로 일치시킬 수 있는 지적 직관이 가능하지 않고 단지 감각적 직관만이 가능하다. 그러므로 우리 인간의 이성 능력으로는 사유와 직관이 바로 합일 되는 것이 가능하지 않다.

그러면 인식은 감각적으로 주어지는 내용과 지성의 사유 가 종합되어야만 가능하고,[89] 이러한 종합의 결과가 보편성 과 필연성을 지닌 학문의 자격 조건에 적합해야 하는데, 어떻게 하면 이것이 가능할 수 있는가? 칸트는 이러한 문제점 을 극복하기 위해서 인식의 문제에서 방법론적으로 일대 발 상의 전환을 시도한다. 그는 대상 중심의 인식을 주체 중심 의 인식으로 바꾸어놓음으로써 '학문으로서의 형이상학'이 가능하다는 것을 보여주고자 한다.[90] 그에 따르면 우리가 대 상에서 아무리 끌어 모아도 학문이 갖추어야 할 보편성과 필 연성은 나올 수 없다.

그러나 우리가 접하는 수학이나 논리학, 물리학에는 보편 성과 필연성을 가진 법칙이 존재한다. 그렇다면 그 보편성 과 필연성은 대상에서 오는 것이 아니라 우리의 인식 주체에 서 비롯되는 것으로 보는 것이 타당할 것이다. 칸트는 당대 의 제반 과학이 필연성과 보편성을 가진 학문이라는 것을 사 실로 받아들이고, 나아가 이 보편성과 필연성의 권리 근거를 밝힘으로써 자연과학의 확실성을 정초하고 자연과학과 같이 학문의 확실한 걸음을 걸을 수 있는 새로운 형이상학의 가능성을 정초하려고 했다. 즉 그는 당대의 제반 과학이 보편성과 필연성을 가지고 있는데 그것이 왜 그러할 수 있는지를 해명하고, 그러한 작업에서 인식 주체 안에 이런 보편성과 필연성을 가능하게 해주는 선험적 형식이 있지 않으면 안 된다는 사실을 정립하고자 했다. 나아가 그는 이런 선험적 형식의 확립으로부터 모든 학문 일반의 가능성을 정초하고자 했다.[91]

그래서 그는 우리 인간의 인식을 보편적이고 필연적이게 해주는 인식 주체의 선험적 형식을 구체적으로 밝혀내기 위해 우리가 사물을 판단할 때의 양태를 분석했다. 그는 우리의 인식이 하나의 학문의 자격을 갖추기 위해서는 판단의 형식을 띠고 있어야 한다고 보았다. 그에 따르면 판단에는 분석판단과 종합판단이 있다. 전자는 어떤 판단에서 그 판단의 술어 부분이 주어 부분 속에 이미 포함되어 있어 그 판단의 진위는 주어 부분을 분석하기만 하면 알 수 있는 판단이다. 반면 후자의 경우는 한 판단의 술어 부분이 주어 부분 속에 포함되어 있지 않아 분석을 통해서 선험적으로는 파악할 수 없고 경험으로 확인해 주어 부분과 술어 부분이 정당하게 연결된 경우의 판단이다. 전자의 경우는 술부가 주부를 설명 또는 해명해주는 판단이며 후자의 경우는 술부가 주부에 없는 내용을 더 확장해주는 판단이다. 그러나 칸트가 보기에 이 두 판단의 경우에는 문제가 있다. 왜냐하면 전자의 경우는 우리의 앎이 선험적인 것으로 필연성과 보편성을 갖고 있지만 우리에게 기존의 앎 외에 더 많이 알 수 있도록 확장시켜주지 않으며, 후자의 경우는 우리의 기존의 앎보다 더 많은 앎을 가능하도록 해주지만 보편성과 필연성을 제공해주지 못하기 때문이다.

칸트는 여기에서 보편성과 필연성을 가지면서도 인식의 확장을 가능하게 해주는 제3의 판단을 탐구하게 되었다. 그것이 바로 선험적 종합판단이다. 그는 이 선험적 종합판단을 수학과 자연과학의 모든 명제에서 찾는다. 그는 "7+5 = 12"라는 수학적 명제와 "두 점 사이의 최단 거리는 직선이다"라는 기하학적 명제, "물체계의 모든 변화에서 물질의 양은 일정 불변이다"라는 자연과학적 명제, 이 모두가 선험적 종합판단의 형식을 띤 명제라고 보았다.

이렇게 해서 그는 순수 수학이나 자연과학의 가능 근거를 해명하는 것이 결국 선험적 종합판단의 가능 근거에 달려 있다고 보았다. 따라서 바로 선험적 종합판단이 어떻게 가능한가라는 물음이 '순수이성의 일반적 과제'로 나타나며, 바로 이 과제가 해명되면 과학의 성립 근거와 형이상학의 성립 여부를 밝혀낼 수 있을 뿐만 아니라 우리 인식의 본성과 범위, 한계도 정할 수 있다. 따라서 칸트에게는 선험적 종합판단의 가능성 여부가 가장 중요한 관심사였다.

이미 언급했듯이 그는 인식에서 코페르니쿠스적 혁명을 통하여 선험적 종합판단의 가능성을 모색했다.[92] 그에 따르면 대상이 주관의 선험적 형식에 의하여 구성된다는 전제하에서만 선험적이면서 종합적인 판단이 가능하다. 왜냐하면 이런 사고 혁명이 전제된 경우에는 대상에 관하여 적어도 우리가 우리의 선험적 형식에 의거하여 구성한 부분만은 선험적으로 인식할 수 있으며, 동시에 그 인식은 대상에 관한 인식인 만큼 단순히 개념을 분석하는 형식 차원에 머물러 있지 않기 때문이다.

그러나 여기에서 한 가지 조심해야 할 점이 있다. 그것은 바로 인간이 갖고 있는 이 선험적 형식이 마음대로 대상 자체를 전체적으로 규정할 수 없다는 점이다. 즉 내가 나의 선험적 형식으로 규정한 대상이 곧 대상 자체라고 주장할 권리는 없다는 것이다. 대상을 선험적으로 규정할 권리를 갖고는 있지만 그것은 다만 주어진 현상 세계에만 국한된다. 이 점에서 지난날의 철학자들이 하나 놓친 점이 있다. 그것은 바로 대상을 파악하는 인식 주체의 인식 능력 자체를 비판하는 것이다. 인식 주체가 인식 대상에 대해서 얼마나 알 수 있고 얼마나 알 수 없는지에 대해서 냉엄한 비판이 없었다. 바로 이러한 그의 동기와 의도가 담겨 있는 책이 그 유명한《순수이성 비판》이다. 이 책의 제목이 말해주듯이 그의 철학은 인간 인식 능력 일반의 주체인 이성 자체를 이성이 자기 비판함을 목적으로 하고 있다.

칸트는 이성이 이성 자신을 비판하는 반성철학을 통하여 '학문으로서의 형이상학'의 체계를 다시 확립해보고자 했다. 여기에서 칸트가 말하는 '학문으로서의 형이상학'은, 앞에서 언급된 기존의 형이상학처럼 초감각적인 세계를 인식의 범주 안에 끌어들이는 형이상학이 아니라 대상 일반의 인식 가능성의 조건으로 이성을 비판하는 초월철학, 이성의 선험적 개념과 원칙에 대한 체계학이다. 그는 당대의 사상이 안고 있는 이성 사용의 위기를 바라보면서 그 위기를 이성의 자기 비판을 통해서 해결하고 객관적 학문의 가능성을 타진해보고자 했다. 칸트의 이러한 이성의 자기 신뢰와 동시에 이성의 자기 비판은 인간 이성의 위상을 새롭게 규정하도록 이끌었다.

그에 따르면 인간의 이성은 창조주적 능력을 갖고 있지 못하고 건축가의 능력밖에 없기 때문에 주어진 세계의 것을 가지고 조립하는 능력은 있지만 주어진 세계 자체를 만들 수는 없다.[93] 아니 이 주어진 세계는 우리가 만들기 전에 이미 존재했고 나 자신도 내가 만들기 전에 이미 존재했다. 그러므로 칸트는 우리에게 주어진 세계의 재료를 갖고 조립하거나 구성하는 능력은 있어도, 주어진 세계 자체를 만들 능력은 없다고 한다. 따라서 우리의 인식은 주어진 세계에서 출발할 수밖에 없다. 그래서 그는 주어진gegeben 세계와 부과된 aufgegebene 세계를 분명히 구별한다. 전자는 우리에게 나타나 있는 현상의 세계이고 후자는 우리가 추구해야 하는 이념의 세계이다.

그러나 과거의 철학자들은 이 두 세계 사이의 차이를 알아차리지 못하고 두 차원을 동일시하거나 어느 한쪽으로 환원시키는 잘못을 범하고 있었다. 인간이 인식할 수 있는 세계는 어디까지나 이 주어진 현상 세계뿐이며 주어진 세계 자체, 즉 물자체가 아니다. 그것은 어디까지나 사유될 수 있을 뿐이다. 사유된 세계를 주어진 세계와 동일시할 때 허구가 생겨나게 된다. 칸트는 바로 이 허구의 논리를 비판하면서 새로운 초월철학을 정립하고자 했던 것이다.

(4) 공기 없이는 날 수 없는 비둘기

이제 앞에서 논의된 내용을 좀더 체계적이고 구체적으로 심화시키기 위해 칸트가 제시하는 감성 형식인 시간, 공간과 지성 형식인 열두 개의 범주를 살펴보자.

칸트에 따르면 이데아에 대한 직관을 강조하는 플라톤 철학은 비둘기가 공기의 저항이 없는 곳에서 잘 날 수 있다는 어리석은 생각에 빠져 있다.[94] 공기의 저항은 비둘기가 날아가는 데 방해가 되는 것이 아니라 오히려 날개가 제 역할을 할 수 있도록 도와준다. 마찬가지로 인간 역시 자신의 지성이 감성 없이 홀로 날 수 있는 것이 아니라 감성의 저항 때문에 지성이 제대로 작동할 수 있다. 그러므로 감성의 도움 없이 지성의 사유만으로 대상을 직관한다는 것은 잘못이다.

이처럼 과거의 철학은 감성계를 무시하고 논의되는 경향이 있다. 그러나 인간의 인식은 감성계에 바탕을 두지 않으면 안 된다. 적어도 칸트에 따르면 인간은 외부에서 주어지는 물자체 없이는 어떤 인식도 불가능하다. 또한 그 물자체에서 내용을 수용하는 감성 능력이 선험적으로 존재해야 한다. 바로 이런 수용 능력, 즉 대상에 의해 촉발되는 한 표상 능력에 주어진 결과가 감각이다.[95] 그리고 이렇게 감각된 부분은 현상이다. 또한 이 현상은 질료와 형식의 차원에서 구별된다. 전자는 '감각에 대응하는 것'[96]이며, 후자는 '현상의 다양성이 일정 관계로 정리될 수 있도록 하는 것'[97]이다. 이때 질료는 대상[98]에 속하는 것이며, 형식은 인식 주체에 속하는 것이다.

그런데 이 형식에 관계하는 인식 주체에게는 공간과 시간이라는 두 가지 형식이 있게 된다. 이 형식은 외부에서 잡다한 소재를 받아들이는 수용 능력으로, 감성이 지니고 있는 선험적 형식이다. 칸트는 '초월적 감성론'에서 바로 이 감성과 감성의 형식인 공간과 시간을 다루고 있다.

우리가 인식하기 위해서는 외부 대상을 경험할 수 있는 감성의 선험적 형식으로 공간, 시간이라는 것을 갖고 있지 않으면 안 된다. 이 공간과 시간이라는 틀을 통해서 우리에게 세계가 주어지게 된다.[99] 이것은 마치 우리가 검은 색안경을 쓰게 되면 비록 세상이 검지 않다 하더라도 세상을 검게 보는 것과 마찬가지다. 인간은 이미 본래부터 세상을 볼 때 공간과 시간이라는 안경을 끼고 세상을 볼 수밖에 없다. 적어도 우리는 세상을 우리 인간식으로 볼 수밖에 없다. 다시 말하면 우리에게는 신과 같은 지적 직관이 없고 감성적 직관밖에 없다.[100] "적어도 우리 인간은uns Menschen Wenigstens 대상이 어떤 방식으로든지 심성을 촉발함으로써만 직관이 가능하다."[101] 이처럼 우리의 감성적 직관은 외부에 주어지는 대상에 의존적이다.

칸트에 따르면 공간과 시간은 감각의 다양성을 정리하고 배열하는 틀이 된다. 따라서 이 틀은 현상의 무규정적인 질료를 시간, 공간의 관계 속에서 일정하게 정리하여 종합한다.[102] 물론 무규정적인 질료가 이런 공간과 시간을 통해 정리될 때 이들 사이에 시간적인 선후 관계가 있는 것은 아니다. 다만 그것은 우리가 반성적으로 고려해볼 때 감각의 내용이 정리되어 있다면 공간과 시간이 관여되지 않고는 가능하지 않다는 의미일 뿐이다. 그러므로 사유 속에 주어지는 대상은 사유를 통해 배열되는 것이 아니라 이미 감성의 형식인 공간, 시간을 통하여 배열된 상태로 주어진다.

한편 칸트는 공간과 시간을 외적 감관과 내적 감관에 근거하여 구별한다. 전자는 우리의 외부에 있는 대상을 지각하며, 후자는 우리의 내적 상태를 지각한다. 그에 따르면 공간은 외감 형식이며, 시간은 내감 형식이다. 외적 감관은 공간을 통해 외부에 존재하는 대상을 표상하며, 내적 감관은 시간을 통해 내적 상태를 직관한다. 즉 우리의 내적인 정신 상태는 시간 내에서 계기적으로 동시에 지각되는 것이지, 공간 내에서 지각되는 것이 아니다. 나아가 칸트는 시간이 단순히 내감의 형식에만 머무는 것이 아니라 외감의 형식에도 관여한다고 보았다. 그에 따르면 모든 표상은 그것들이 외부의 사물에 대한 표상이든 내부의 마음 상태에 대한 표상이든 결국 내적 감관 또는 직관의 형식적 조건에 예속될 수밖에 없기 때문이다. 물론 시간은 모든 내적 현상에 대해서는 직접적인 조건이 되지만, 외적 현상들에 대해서는 중재적 조건에 머문다.

칸트가 공간과 시간의 '형이상학적 구명'[103]에서 주장하듯이, 모든 외적 현상을 사고에서 제외한다고 하더라도 공간 표상 자체는 여전히 남으며, 마찬가지로 모든 내적 현상을 사고에서 제외한다고 하더라도 시간 표상 자체는 여전히 남는다. 그러므로 공간과 시간은 지성의 개념이 될 수 없고 오히려 지성이 전제하는 것이 된다. 따라서 공간과 시간은 사유의 차원이 아니라 감각의 차원에서 존재하는 것으로서 인식 주체가 지니는 선험적으로 직관되는 것이다. 그리고 이와 같은 공간과 시간은 외적 현상과 내적 현상들이 실재하는 조건이 된다. 즉 경험적으로 존재하는 것은 이미 시공적이며, 따라서 공간과 시간은 경험적 실재성을 지닌다. 비록 공간과 시간은 감성의 주관적 형식으로 실재적이기보다는 관념적이지만, 동시에 경험적으로 실재하는 것들을 정립해주기도 한다. 물론 이와 같은 감성 형식들이 물자체에 적용될 수는 없다. 어디까지나 공간과 시간은 경험적으로는 실재적이지만, 관념적으로는 초월적이다. 그러므로 우리는 여기에서 칸트의 입장이 초월적 관념론임을 알 수 있다.[104]

칸트의 이와 같은 태도는 수학[105]에 대한 그의 연구와 관련되어 있다. 그는 공간과 시간에 관한 '초월적 구명'[106]과 관련하여 수학에 대한 연구를 상론하고 있다. 칸트는 시간을 초월적으로 구명하는 것과 관련하여 변화, 운동의 개념이나 이것들에 관한 선험적 종합 인식이 가능하기 위해서는 시간 표상이 동원되지 않으면 안 된다고 주장한다. 그는 또한 수학의 성립과 관련하여 공간의 초월적 구명을 주장한다. 가령 그에 따르면 "세 개의 직선으로 하나의 도형을 구성하는 것이 가능하다"라는 주장이 성립되려면 직선이나 3이라는 개념을 분석해서는 성립되지 않고 이것을 직관적으로 구성하는 공간적 표상이 반드시 있어야 한다. 그러나 이 표상은 결코 경험적으로 직관된 것일 수 없다. 왜냐하면 그렇게 되면 이 주장이 필연성을 지닐 수 없기 때문이다. 그는 수학이 단순히 개념을 분석함으로써 성립되는 학문이 아니라 외적 감관의 형식인 공간의 표상을 통해 성립된다고 보았다. 물론 칸트가 이런 주장을 한다고 해서 수학의 성립 요건에 지성의 개념 작용이 전혀 필요없다는 이야기는 아니다. 적어도 칸트의 주장은 수학이 성립하는 데 개념적 작업이 동원되어야 한다고 하더라도 최소한 감성적 직관이 동원되지 않고는 어렵다는 것이다.

(5) 구슬이 서 말이라도 꿰어야 보배(자연의 입법자로서의 지성)

그러면 이제 시간, 공간이라는 그물에 걸린 다양한 소재를 정리해 분류하고 종합하는 지성의 능력에 대해서 살펴보자. 옛말에 구슬이 서 말이라도 꿰어야 보배라는 말이 있듯이 다양하게 주어진 내용이 정리 분류되어 종합되지 못한다면 제 구실을 다하지 못한다.

칸트는 지성을 감성에서 주어진 다양한 내용을 분류, 정리하며 개념적 판단을 하는 능력이라고 본다. 감성이 수용적 능력자라면, 지성은 자발적 능력자다. 지성은 자연의 입법자다.[107] 그러나 자연의 입법자로서의 지성이 마음대로 주어져 있지도 않은 세계를 입법할 수는 없다. 적어도 입법의 소재를 감성의 형식으로부터 받아들이지 않으면 안 된다. 그런 의미에서 지성의 능력은 감성의 토대 위에서만 정당성을 제대로 인정받을 수 있다. 이런 감성의 터전을 떠난 지성의 능력은 이성이 추구하는 이념에 실재성을 담게 되는 허구의 논리, 변증의 논리에 빠져들게 된다. 그래서 칸트는 감성과 지성의 관계에 대해서 다음과 같이 주장한다.

감성이 없으면 어떤 대상도 우리에게 주어지지 않을 것이며, 지성이 없으면 어떤 대상도 우리에게 사유되지 않을 것이다. 내용이 없는 생각은 비어 있고, 개념이 없는 직관은 제멋대로이다. 그러므로 개념을 감성화하는 것(즉 대상을 직관 중의 개념에 첨가하는 것)은 직관을 지성화하는 것(즉 직관을 개념 아래 넣는 것)이나 마찬가지로 필요하다……지성은 아무것도 직관하지 못하며, 감성은 아무것도 사유하지 못한다. 양자가 결합해야만 인식이 나올 수가 있다.[108]

바로 이 구슬을 꿰어 보배로 만드는 역할이 지성의 능력이라고 할 수 있을 것이다. 이 지성의 능력과 관계되어 있는 규칙에 관한 학문이 바로 '초월적 논리학'이다.[109] 우리들이 보통 논리학이라고 말할 때는 형식 논리학을 가리키는 것이다. 이것은 칸트에 따르면 기초 논리학 내지 일반 논리학이 된다. 칸트는 이 일반 논리학을 순수 논리학과 응용 논리학으로 나누어 전자는 순수한 논리 규칙을 다루며, 후자는 구체적인 경험 상황에서 우리가 부딪히게 되는 우연적인 문제들을 다루는 논리학으로 보고 있다. 그러나 후자는 학문이 갖추어야 할 보편성과 필연성을 지니고 있지 못하기 때문에 칸트는 사유의 선험적 형식을 다루는 전자에 더 비중을 둔다. 물론 전자도 사유의 형식만을 다루기 때문에 그의 초월적 논리학이 추구하는 길과는 다르다.

칸트가 볼 때 인식에 제일 중요한 것은 진리의 기준이 무엇이냐 하는 것인데, 그는 여기에서 전통적 인식론이 주장하는 인식 대상과 인식 내용이 일치해야 한다는 입장을 수용하기를 꺼린다. 왜냐하면 이 경우 대상에 따라 각각 파악하는 내용이 달라 진리의 일반적 기준에 이를 수 없기 때문이다. 그는 인식 내용의 진리에 관해서는, 즉 질료상의 인식에 관해서는 그 어떤 보편적 기준도 내세울 수 없다고 본다. 따라서 진리의 기준은 오직 인식 주체의 진리 형식에만, 즉 사유 일반의 형식에만 관계되고 또 그럴 경우에만 타당하다.

그러나 일반 논리학의 이러한 기준은 인식의 문제를 해결하기에는 너무나 불충분하다. 어떤 인식이 아무리 논리적 형식에 맞아 내부에 상호 모순이 생기지 않는다 하더라도 실재 대상과 맞지 않는 경우가 있을 수 있기 때문이다. 따라서 일반 논리학의 형식적 기준은 모든 인식이 반드시 지켜야 할 불가결한 조건, 즉 진리의 소극적 조건이기는 하지만, 적극적 조건에는 이르지 못한다. 모든 인식의 내용을 무시하지 않으면서, 동시에 경험적 내용에 빠지는 것도 아닌 '초월적 논리학'이 성립할 수 있는 가능성을 고려해보아야 할 것이다.

칸트에게서 '초월적'이라는 말은 경험적인 부분이 아니면서도 경험을 가능하게 해주는 것을 의미한다. 그래서 그는 대상을 언제나 생각할 수 있도록 하는 원리들을 다루는 이 '진리의 논리학'을 '초월적 분석론'이라고 부른다. 그러므로 대상과의 관계를 상실하고 인식의 내용이 결핍된 경우는 '초월적 분석론'의 범위 안에서 다룰 수 없다. '초월적 분석론'은 인간의 모든 선험적 인식을 지성의 요소들로 분해하는 작업이다. 따라서 이 개념들은 경험적 개념이 아니라 순수한 개념이어야 하며, 직관이나 감성에 속하지 않고 지성에 속하고, 파생적 개념이 아니라 기본적 개념이어야 하며, 개념의 목록이 완전하여 지성의 전체 범위와 일치해야 한다. 경험에 물들지 않으면서 이 순수 지성 개념을 분석하는 것이 바로 개념의 분석론이다. 그러나 이때 개념을 분석한다는 것은 이미 주어진 개념들을 분해한다는 것이 아니라, 지성이 바로 자신의 능력을 분석하여 밝히는 작업으로 오히려 개념의 발굴이나 발견이라고 보아야 할 것이다.

칸트는 이 개념의 발견을 판단능력의 주체인 지성의 판단 형식에서 찾고 있다.[110] 그에 따르면 지성은 서로 다른 개념들을 하나의 판단으로 결합하는 능력이다. 그러므로 판단의 종류를 알게 되면 지성의 기능도 전부 알게 된다. 그래서 그는 열두 개의 판단 형식(분량 : 전칭 판단, 특칭 판단, 단칭 판단, 성질 : 긍정 판단, 부정 판단, 무한 판단, 관계 : 정언 판단, 가언 판단,

선언 판단, 양상 : 개연 판단, 실연 판단, 필연 판단)을 제시한다. 그러나 일반 논리학처럼, 판단의 내용을 무시하고 형식에만 치중하게 될 때 인식의 내용은 전혀 손댈 수 없게 된다. 그러나 '초월적 논리학'에서는 인식의 내용이 전제되어 있다. 즉 감성의 직관 형식으로 시간, 공간을 다룬 '초월적 감성론'에서 제시된 감성적 직관의 다양한 내용에서 우리의 인식이 출발한다. 그러므로 이 다양한 내용을 종합하는 작용이 있어야 한다.

가령 '희다', '저 종이', '넓다'와 같은 감각의 다양한 내용 자체가 인식이 될 수는 없다. 이것들을 종합하는 작용이 있어야 한다. 칸트에게서 종합이란 서로 다른 표상들을 모으고 이 표상의 다양성을 하나의 인식으로 붙잡는 작용이다. 그러나 종합으로만 완전한 인식이 이루어지는 것은 아니다. 왜냐하면 아무렇게나 주워 모으는 것이 제대로 된 종합이라고 할 수 없기 때문이다. 그래서 종합의 배후에는 이 종합을 통일하는 작용이 있어야 비로소 인식이 성립한다. 종합을 개념들로 통일하는 것이 필요하다. 즉 '희다'나 '넓다'는 하나의 속성으로, '저 종이'는 실체로 분류되고 예속될 때, 비로소 '저 종이는 넓고 희다'라는 인식이 성립될 수 있다. 이때 실체와 속성이라는 개념은 지성의 근원적 개념임이 드러난다. 왜냐하면 종합을 다시 통일하는 것은 지성의 자발적 능력에 의해서만 가능한 것이며, 그 통일의 핵심 기능은 지성의 순수한 개념 외의 다른 파생적 개념들이 맡을 수가 없기 때문이다. 그는 아리스토텔레스가 의도한 바와 똑같다는 의미에서 이러한 순수한 개념을 범주라고 한다.

그러면 그는 이 범주를 어떤 방법으로 완전하게 발견할 수 있는가? 그는 일반 논리학에서 판단의 형식에 따라 12가지 판단을 제시한 그 지성의 기능이 순수한 개념, 즉 범주를 산출하는 기능과 같다고 본다. 그러므로 지성은 분석적 통일에 의해 개념에서 판단이라는 논리적 형식을 만들어냈지만 다른 한편, 바로 그 지성이 동일한 작용을 통해서 직관의 내용을 종합적으로 통일하도록 범주를 제공해준다는 것이다. 따라서 일반 논리학의 판단표가 범주를 발견하는 실마리를 제공하고 범주표로 안내하는 역할을 한다. 결국 범주 판단의 가짓수는 12개로, 동일하다. 이렇게 해서 칸트는 열두 개의 범주(분량 : 단일성, 수다성, 전체성, 성질 : 실재성, 부정성, 제한성, 관계 : 실체와 속성, 인과성, 상호성, 양상 : 가능성, 현실성, 필연성)를 제시한다.[111]

이처럼 범주의 기원이 선험적임을 사유의 보편적 논리 기능과 범주의 일치를 통하여 증명했다고 해서 그는 범주의 발견을 범주의 '형이상학적 연역metaphysische Deduktion'[112][113]이라고 주장한다. 그는 '형이상학적 연역'으로 범주를 발견하고 나아가 발견된 이 범주를 경험의 대상 세계에 정당하게 사용할 수 있는 권리 근거를 밝히고자 한다. 그것이 바로 그 난해한 '초월적 연역transzendentale Deduktion'[114]이다.

우리는 지성의 순수 개념, 즉 범주를 감성에서 주어진 현상에 적용할 수 있는 정당성을 어디에서 확보하는가? 사실 이러한 물음은 감성의 형식인 시간, 공간의 경우에는 발생하지 않았다. 왜냐하면 대상은 감성의 형식을 통하지 않고는 우리에게 주어질 수 없기 때문이다. 그러나 지성의 형식에서는 상황이 달라진다. 왜냐하면 감성의 형식에서 주어진 현상에 범주들이 적용될 때 그것들이 왜곡될 수 있기 때문이다. 그러므로 이런 적용의 정당성을 해명해야만 한다.

이것은 곧 대상을 무엇인 대상으로 생각하기 위해서는 그 생각을 가능하게 해주는 우리 인식 주체에 선험적인 사유 틀, 즉 범주가 있어야 한다는 것을 입증하는 것이며, 또한 그 것은 이 선험적인 틀에 의해 여러 가지 내용이 구성되고 결합됨을 입증하는 것이다. 이미 언급했듯이, '초월적 감성론' 은 감성의 형식인 공간과 시간이 우리에게 대상이 주어지기 위해서 필연적으로 요청될 수밖에 없는 선험적 형식들이라는 것을 밝히고자 했다면, '초월적 분석론'은 지성의 형식인 범주가 우리에게 대상이 사유되기 위해서 필연적으로 요청될 수밖에 없는 선험적 형식임을 밝히고자 한다. 그래서 칸트는 대상에 범주를 적용하는 정당성을 입증하기 위해 대상이 지성의 종합화하는 범주들을 통하지 않고는 사유될 수 없음을 보여주고자 한다. 따라서 그가 여기서 의도하는 것은 대상을 인식하기 위해서는 대상을 사유하는 것이 불가피하며, 그 사유는 범주를 통하지 않고는 성립될 수 없음을, 궁극적으로는 대상이 범주를 통하지 않고는 인식될 수 없다는 것을 보여주고자 함이다. 그래서 칸트는 다음과 같이 주장한다.

> 다양한 것의 결합은 감관을 통해 우리에게 주어질 수 없고……왜냐하면 결합은 표상 능력의 자발적인 활동이기 때문이다. 그리고 우리가 이 능력을 감성과 구별해서 지성이라고 불러야 하기 때문에, 모든 결합은……우리가 그것을 의식하든 하지 않든, 그리고 다양한 직관의 결합이든 여러 가지 개념들의 결합이든……지성의 작용이다. 일반적으로 이러한 작용을 종합이라고 한다.[115]

이처럼 칸트는 감성에서 주어진 잡다한 내용을 종합하는 것은 감성 자체에서 나올 수 없고, 그것은 다른 능력, 즉 지성의 자발적 능력에서 마련되어야 함을 제시하고자 한다.[116] 나아가 그는 대상이 사유되기 위해서는 범주를 통한 통일 작용이 있어야 하고, 또한 이것을 가능하도록 해주는 의식의 통일 작용이 있어야 함을 주장한다. 그러므로 인식과 사유가 주관 속에서 통일되어 있지 않고 자기 의식의 모든 표상에 수반되지 않는다면 직관이나 지각의 다양함은 사유될 수 없고 인식의 대상이 될 수 없다. 그래서 칸트는 지각, 사유 내용들을 한곳으로 모아 최종적으로 통일하는 작용의 원초적인 근거로 '초월적 통각transzendentale Apperzeption'이라는 것이 있어야 함을 주장한다.[117]

가령 우리가 어떤 장미를 보고 '이 장미는 붉다'는 판단을 하게 되었을 때 우리가 어떻게 이와 같이 판단할 수 있게 되었는지를 추적해보자. 우선 이와 같은 판단이 가능하기 위해서는 바깥에 실제로 우리의 상념을 촉발하는, 우리가 장미라고 부르는 어떤 대상 자체가 있어야 할 것이고, 그 다음에 그 대상에서 우리가 어떤 크기나 모양이나 색깔 같은 것을 소재로 받아들이게 되는 선험적 감성 형식으로 시간, 공간이라는 것이 있어야 한다. 다음에는 우리가 대상 자체에서 공간과 시간이라는 그물망에 담아 넣은 다양한 소재 내용을 분리, 결합시켜야 한다. 다시 말해 '장미'는 주어 자리에, '붉다'는 술부 자리에 놓고 관계를 정리해야 하는 것이다. 그리고 '모든' 장미가 붉은지 아니면 '이' 장미만 붉은지에 대한 양적인 고려도 해야 하고, 또한 붉'은지' 붉지 '않은지' 아니면 '약간' 붉은지 성질도 고려해야 하고, 나아가 내가 붉다고 하는 장미가 '현실적으로 있는' 장미를 보고 주장하는 것인지, 아니면 '상상 속에 있는' 장미를 보고 주장하는 것인지도 고려해야 한다.

이처럼 '이 장미는 붉다'라고 주장하기 위해서는 양(단일성, 수다성, 전체성), 성질(긍정성, 부정정, 제한성), 관계(실체와 속성, 인과성, 상호성), 양상(가능성, 현실성, 필연성)을 고려해야 한다. 따라서 모든 대상을 이렇게 양적으로, 성질적으로, 관계적으로, 양상적으로 파악할 수 있기 위해서는 일정한 사유(개념)의 틀이 있지 않으면 안 된다. 이것은 이러한 선험적인 시간, 공간이라는 직관 틀과 범주라는 사유 틀이 사실적으로 있다는 것을 증명하는 문제가 아니라, 누구에게나 이것이 없으면 '이 장미는 아름답다'고 주장하고 판단할 수 없다는 점에서 이것들이 있어야 함을 주장하는 것이다.

그러나 여기에서 놓쳐서는 안 될 중요한 점이 하나 있다. 그것은 바로 한 대상인 장미를 파악할 때 여러 가지 파악한 내용을 한곳으로 통일시키지 않으면 안 된다는 점이다.[118] 이 파악된 내용을 모두 한곳으로 통일시키자면 통일시키는 주체는 자기 동일성을 유지하고 있어야 한다. 그렇지 않고 인식하는 주체가 수시로 달라져버린다면 통일 자체가 불가능하다. 따라서 인식의 통일을 위해서는 자기 동일성을 가능하게 하는 하나의 '생각하는 내'가 있어야 한다. 이때의 '나'라는 것은 구체적인 실체가 아니라 모든 인식 작용과 기능에 반드시 근원적으로 동원되어야 하고 논리적으로 요청될 수밖에 없는 그 무엇이다. 그것이 바로 '순수통각', '초월적 통각'이다. 이 초월적 통각이 파악된 내용을 통일시키며, 나아가 대상들을 서로 비교할 수 있게 해준다. 이처럼 초월적 통각은 순수하고 근원적이며 불변적인 의식이어서 인식의 결합과 통일을 가능하게 만들어 인식을 우리에게 성립시켜준다.

한편 칸트는 직관의 다양함을 사유하고 인식하기 위해서는 범주가 불가피하게 요구됨을 밝히는 작업에 머물지 않고, 이런 범주가 직관의 다양함에 어떻게 적용되어야 제대로 적용되는 것인지도 고민한다. 그는 감각 직관의 자료가 범주 아래 포섭되기 위해서는 감각 직관의 자료와 지성의 범주 사이에 일종의 비례나 닮은 관계가 있어야 한다고 보았다. 그러나 유감스럽게도 지금까지 논의된 순수 지성의 개념인 범주와 경험적 직관 사이에는 이종성異種性이 자리잡고 있다. 그러면 이종적인 이들 사이를 어떻게 연결할 수 있는가? 그는 이 문제를 도식론에서 다루고 있다.119

그는 이 도식론에서 감성과 지성을 매개하는 상상력Einbil-dungskraft을 언급한다. 그에 따르면 상상력은 도식을 낳는 동시에 도식을 운반한다. 도식은 형상Bild을 산출하는 규칙 또는 절차이며,120 형상은 범주를 도식화하거나 범주의 한계를 설정하여 현상에 적용할 수 있도록 한다.121 따라서 도식은 개념과 가까운 관계이며, 형상은 직관의 다양함과 가까운 관계이다. 그러므로 상상력은 지성의 개념과 직관의 다양함 사이를 매개할 수 있다.

그러나 이 부분에 대한 더 깊은 논의는 이 책의 성격상 제외하고자 한다.122 지금까지의 논의에서 결코 놓쳐서는 안 될 한 가지 중요한 점은 우리의 인식이 감성적 직관과 지성적 범주의 결합으로 이루어지며, 그것의 근원에는 언제나 그 인식이 통일을 이루기 위해 초월적 통각이 필요하다는 것이다. 이 초월적 통각은 시간과 공간이라는 감성의 틀과 12개의 범주라는 지성의 틀을 근원적으로 떠받쳐, 인식 일반의 가능성을 선험적으로 정당화하는 토대가 된다.[123]

그런데 '생각하는 나'로서의 이 초월적 통각은 현실의 주어진 세계에 머무는 것이 아니라 우리에게 부과된 이념의 세계로 나아가려고 한다. 이성은 지성의 판단 능력과는 달리 추리를 통해 주어진 세계를 넘어 부과된 세계로 우리의 개념과 범주를 월권적으로 사용하고자 한다. 그래서 한계 개념 Grenzbegriff으로 남아 있는 물자체의 영역[124]을 개념화해 움켜잡으려greifen 한다. 여기에서 초월적 논리는 허구적, 변증적 논리와 다시 한 번 결전을 벌여야 한다.

(6) 허구를 먹고 사는 인간

인간은 주어진 세계에 갇혀 머무는 존재가 아니라 미래로 세계를 열어가는 존재이다. 일찍이 실존주의 철학자 하이데거M. Heidegger는 인간 존재를 현존재現存在, Dasein라고 규정한 적이 있다. 이때 이 단어가 의미하는 것은 문자 그대로 '거기에da 있음sein'이다. 다시 말해 인간은 세계 내의 이 시간, 이 공간이라는 특정 상황에서 존재함을 의미한다. 그러나 인간은 이 특정 시간과 공간에 그냥 내동댕이쳐져 살고 있는 것이 아니라 던져진 상황을 근원적으로 반성함으로써 내가 왜 여기에 존재하게 되었고, 누가 나를 존재하게 했으며, 무엇 때문에 존재해야 하는지에 대한 물음을 던지게 된다. 그러고는 자신을 미래로 던져 가게 된다. 그런 의미에서 하이데거는 인간 존재를 '되어가는 존재Werdensein'라고 했다.

이러한 하이데거적인 인간 이해에서도 나타나듯이, 인간은 이 주어진 현실에 예속되어 머물기만 하는 존재가 아니라 가야 할 세계, 이루어야 할 세계를 고민하며, 또한 주어진 현실적 나에 머무는 것이 아니라 되고 싶고 되어야 할 나에 대해 고민한다. 여기에서 인간은 주어진 세계와 부과된 세계, 현실의 세계와 이념의 세계 사이에서 갈등과 현기증을 느끼게 된다. 어떤 인간은 전자에 더 우선권을 두고, 어떤 인간은 후자에 더 의미를 부여한다. 대체로 전자의 경향을 띤 철학을 경험론이라고 볼 수 있으며, 후자의 경향을 띤 철학을 이성론이라고 할 수 있을 것이다. 그러나 전자의 경우는 부과된 세계를 주어진 세계로 환원시키는 무리가 따르며, 후자의 경우는 주어진 세계를 부과된 세계로 해소시켜버리는 무리가 따르게 된다.

칸트가 본 인간은 현실만을 먹고 사는 것도 아니고, 이념만을 먹고 사는 것도 아니다. 그렇기 때문에 그는 자신의 철학의 목적이 '저 하늘에 반짝이는 별빛과 내 마음속에 존재하는 도덕률'을 탐구하는 것이라고 했다. 앞서 논의되었던

'초월적 감성론'의 감성의 직관 형식과 '초월적 분석론'의 지성의 사유 형식은 주어진 세계를 다루는 인식 작용의 담당자이다. 그러나 인간의 생각은 이런 주어진 세계에 머물지 못한다. 여기에서 인간의 지성은 감성의 세계를 떠나 이성의 세계를 향해 날개를 펴게 된다. 그래서 주어지지도 않은 세계를 주어진 세계처럼 주장하거나, 사유할 수 있을 뿐인 세계를 인식할 수 있다고 주장하는 오류에 빠지게 된다. 그러나 이러한 오류는 경험적인 오류나 논리적인 오류처럼 우리가 제대로 파악하면 바로잡을 수 있는 오류가 아니라 인간이면 누구나 벗어나기 어려운 오류다.

칸트는 허구 내지 가상의 논리에 대해 다루는 '초월적 변증론'에서 바로 이러한 오류를 다루고 있다. 이 초월적 변증론은 '진리의 논리학'을 다루는 '초월적 분석론'과는 대조적이다. 그는 초월적 변증론에서 지성의 판단과 이성의 추리125가 서로 월권으로 간섭하여 생기는 허구 내지는 착각을 다루며, 경험의 한계 내에서만 머무는 지성의 내재적 원칙과 경험의 한계를 넘어서고자 하는 이성의 초재적 원칙에 대한 분석을 시도한다. 지성의 구성적 원리가 이성의 규제적 세계로 뻗어가거나, 이성의 규제적 원리가 지성의 구성적 세계를 자기 쪽으로 끌어가서는 안 된다.126 여기에서 구성적 원리가 주어진 세계 자체를 정리하고 결합하는 원리라면, 규제적 원리는 이념의 세계에 비추어 주어진 현상 세계를 하나의 통일된 체계로 만드는 것이다. 이성의 규제적 원리는 발견의 원리이지 구성의 원리가 아니다.

이와 같은 주장을 예를 들어 설명해보자. 가령 '나는 어떻게 태어났을까'라는 물음에 대한 답을 한번 찾으려고 해보자. 앞에서 언급한 범주에 따르면, 관계 범주에 '인과성'의 범주가 있다. 이 인과성의 범주에 따르면 결과가 있으면 반드시 원인이 있게 마련이다. 따라서 내가 태어났다는 결과가 있으면 나를 태어나게 한 원인이 있다. 그 원인이 무엇인가를 따져보면 우선 일차적인 원인은 나의 어머니와 아버지가 될 수 있다. 그리고 그 다음 이 어머니와 아버지는 어떻게 태어났는가를 묻게 되면 또다시 할아버지와 할머니라는 원인을 찾아 거슬러올라가게 된다.

그러나 유감스럽게도 우리 인간이 이렇게 계속해서 거슬러 올라가도 결과에 대한 원인은 끝도 없이 진행된다. 즉 결과와 원인의 관계는 무한 후퇴에 빠지게 된다. 이렇게 무한하게 거슬러올라가는 것을 끝내려면, 궁극적인 원인에는 더 이상 다른 원인이 있어서는 안 된다. 즉 최초의 원인자는 더 이상 다른 것의 결과로 생겨난 것이 아닌 무원인의 원인자, 즉 자기 원인causa sui인 원인자가 되어야 한다. 그러나 우리가 이런 결론을 내리자마자 허구에 빠지게 된다. 왜냐하면 더 이상 다른 원인의 결과가 아닌 자는 내가 존재하게 된 가장 가까운 원인인 어머니나 아버지처럼 이 시간, 공간 내에 존재하지 않음에도 불구하고 이들처럼 존재하는 것으로 생각하게 되기 때문이다. 우리가 이러한 착각에 빠지게 되는 것은 순수 지성의 개념인 인과 범주를 현상 세계에만 적용해야 하는데, 그것을 넘어 이념의 세계에도 적용했기 때문이다.

그러나 우리 인간이 빠져들게 되는 이러한 오류는 우리 인간 이성 안에 본래부터 내재하는 어쩔 수 없는 현상이다. 왜냐하면 인간은 자신의 존재 원인을 현상의 어머니나 아버지로는 결코 만족하지 못하기 때문이다. 나의 시원과 세계의 시원에 대해서 인간은 답을 찾고 싶고, 그러한 인간의 바람이 이러한 오류의 현상을 갖게 만드는 것이다. 그래서 칸트가 말하듯이 인간은 '내 주머니의 100탈러와 머리 속의 100탈러'를 착각하게 된다. 이 어쩔 수 없는 착각 앞에서 인간은 자신 안의 '위대한 허구', 아니 '허구 아닌 허구'를 먹고 살아야 하는 것이다. 인간이 버릴 수 없는 이념으로서의 이 허구가 바로 영혼의 불멸과 자유와 신이다.

칸트는 바로 이와 같은 세 가지 이념을 그의 초월적 변증론의 제1부 '순수이성의 오류 추리'와 제2부 '순수이성의 이율배반'과 제3부 '순수이성의 이상'에서 다루고 있다. 제1부에서는 정언적 추리에 입각하여 주체의 절대적 통일을 추구하는 이성적 심리학의 문제를 다루며, 제2부에서는 가언적 추리에 입각하여 객체의 절대적 통일을 추구하는 이성적 우주론의 문제를 다루고, 제3부에서는 선언적 추리에 입각하여 주체와 객체의 절대적 통일을 추구하는 이성적 신학의 문제를 다룬다.

'순수이성의 오류 추리론'에서 칸트는 경험론자인 흄의 자아관과 이성론자인 데카르트의 자아관을 비판한다. 칸트는 이 비판을 수행하기 위해 다음과 같이 삼단논변을 제시한다.

대전제 : '주어(주체)로 생각될 수밖에 없는 존재'는 오로지 주어(주체)로 존재할 수밖에 없으므로, 따라서 실체다.

소전제 : 사유하는 존재는 단지 사유하는 그런 것으로만 간주되므로 '주어(주체)로만 생각될 수밖에 없는 존재'이다.

결론 : 따라서 사유하는 존재는 주어(주체)로만 존재하는 바, 즉 실체로만 존재한다.[127]

칸트가 볼 때 위의 논변은 매개념 다의(애매성)의 오류, 즉 대전제의 "주어(주체)로 생각될 수밖에 없는 존재"라는 부분과 소전제의 "주어(주체)로서 생각될 수밖에 없는 존재"라는 부분이 같은 의미로 쓰이는 것이 아니라 다르게 쓰이고 있기 때문에 위와 같은 결론이 도출되지 않는다. 즉 대전제에서는 그 부분이 현상 세계의 경험적 의미에서 쓰이고 있고, 소전제에서는 논리적인, 사유적 의미에서 쓰이고 있어서 추론상의 오류가 있다는 것이다. 데카르트가 "나는 생각한다, 고로 존재한다"라고 주장했을 때 바로 이와 같은 오류를 범하고 있는 것이 된다. 그는 생각하는 나와 현상 세계 속에 존재하는 경험적인 나를 동일시했고, 그렇기 때문에 그는 '실체'라는 범주를 현상 너머에까지 적용했던 것이다. 반면 흄은 '나'라는 존재를 '지각의 다발'로 봄으로써 그 역시 사유하는 존재와 현상적인 존재를 동일시했다. 전자의 경우는 경험적인 존재를 사유하는 존재 속에 흡수시켜버렸다면, 후자의 경우는 사유하는 존재를 경험적인 존재에 흡수시켜버렸다. 이 두 주장은 모두 개념 사용의 오류를 범하고 있다. 우리가 쓰는 '실체'라는 범주는 감성에서 주어지는 현상 세계에만 적용되어야 한다. 이런 의미에서 칸트는 현상적인 나와 초월적인 나를 구별하며, 그 어느 쪽으로 환원될 수 없다고 본다. 초월적인 나는 어디까지나 부과된 우리의 이념의 세계이지 현실의 주어진 세계가 아니다. 따라서 그런 나는 생각할 수 있는 것이지 인식할 수 있는 것은 아니다. 이 두 나를 혼돈하게 될 때 우리는 초월적인 내가 현상적인 나처럼 인식되는 것으로 주장하게 된다. 칸트는 인간에게 지성적 직관을 인정하는 이성론자들처럼 초월적인 나를 인식할 수 있다고 주장하지 않으며, 그렇다고 경험론자처럼 그런 초월적인 나는 없고 현상적인 지각의 다발bundle of perceptions인 내가 전부라고 주장하지도 않는다. 그는 인식할 수 없지만 생각할 수 있는 이념으로서의 나를 요청한다. 앞에서 언급했듯이 그는 인식 일반의 가능성의 조건으로 초월적 통각을 주장한 바 있다. 이 초월적 통각은 인식 일반의 가능성의 조건으로 요청되는 것이지 실체로 인식되는 것이 아니다.

다음으로 칸트는 '순수이성의 이율배반론'에서 '세계'라는 이념의 문제를 다룬다. 우리가 흔히 세계라고 할 때는 '주어진' 세계가 있고 '부과된' 세계가 있다. 즉 현실로서의 세계가 있고 이념으로서의 세계가 있다. 칸트는 여기에서도 이 두 세계를 구별하지 못한 경험론과 이성론을 비판한다. 그는 영혼의 존재를 증명하고자 하는 기존의 입장이 가지고 있는 가언 추리의 삼단논법을 다음과 같이 제시하고 있다.

대전제 : '제약된 것'이 주어져 있으면 또한 제약하는 모든 것의 계열도 동일하게 주어져 있다.

소전제 : 그런데 감각 기관의 대상들이 '제약된 것'으로 우리에게 주어져 있다.

결론 : 따라서 제약하는 것의 모든 전체 계열이 주어져 있다.[128]

이 추리도 이성적 심리학에서 주장된 정언적 삼단논법의 경우처럼 매개념 애매성의 오류를 범하고 있다. 왜냐하면 이 추리에서 대전제의 매개념과 소전제의 매개념이 달리 쓰이고 있기 때문이다. 즉 대전제의 매개념인 '제약된 것'은 순수 범주의 초월적 의미로 사용된 데 반해, 소전제의 매개념인

'제약된 것'은 현상에만 적용된 지성 개념의 경험적 의미로만 사용되었기 때문이다. 그래서 대전제의 매개념은 물자체에 관계하게 되고, 소전제의 매개념은 현상에만 관계하게 되어 여기에서는 위와 같은 결론이 정당하게 도출될 수 없다.

칸트는 이와 같은 대원칙 아래 분량, 성질, 관계, 양상에 따라 네 가지 추리를 설정하고 여기에 대응하는 네 가지 '이율배반론'을 분석하는데,[129] 여기서는 이 네 가지를 다루지 않겠다. 다만《순수이성 비판》에서 요석이 되고 있는 제3이율배반론을 근거로 이 문제를 다루어보고자 한다. 그는 제3이율배반을 다음과 같이 정리하고 있다.

정립 : 자연의 법칙에 따르는 원인성은 그것에서 세계의 모든 현상이 도출될 수 있는 유일한 원인성이 아니다. 현상을 설명하려면 그것 외에 자유에 의한 원인성을 상정함이 필연적이다.[130]

반정립 : 자유라는 것은 없다. 세계에서 모든 것은 기꺼이 자연의 법칙에 따라 일어난다.[131]

원래 이율배반이란 같은 대상에 대해서 동시에 상반되는 주장이 있게 되는 경우이다. 따라서 논리적으로 어느 것 하나는 반드시 틀린 것이어야 한다. 칸트에 따르면 정립 쪽 주장을 했던 사람이 이성론자들이며, 반정립 쪽 주장을 했던 사람이 경험론자들이다. 그러나 위에 주장된 정립과 반정립의 상호 관계는 모순 관계가 아니라 반대 관계다. 따라서 정립과 반정립 중 어느 쪽 하나가 맞고 하나는 반드시 틀려야한다는 것은 적어도 세계 개념에 대한 잘못된 이해와 형식논리적인 문제에 빠져 있다. 정립 쪽 주장이나 반정립 쪽 주장이나 세계 자체와 나타난 세계를 구분하는 것, 즉 초월적 세계와 현상적 세계를 구분하지 못한 데서 발생되는 오류다. 마치 오류 추리론에서 현상적 나와 초월적 나를 구별하지 못해서 오류가 발생했듯이, 여기에서도 같은 오류가 발생한다.

만약에 정립 쪽 주장이 옳다고 받아들인다면 현상적 세계, 즉 자연법칙의 세계가 성립되지 않으며, 반정립 쪽 주장이 옳다면 초월적(이념적) 세계, 즉 도덕법칙의 세계가 성립되지 않는다. 전자의 경우에 따르면 법칙에 우연이 게재되는 예외가 발생하게 되고, 후자의 경우에 따르면 모든 것이 법칙으로 결정되어 있으므로, 즉 자유가 없으므로 도덕적 책임을 물을 수가 없게 되기 때문이다. 칸트는 자신의 철학이 자연의 세계와 도덕의 세계를 다 살려야 하는 목적을 갖고 있기 때문에 어떤 형태로든 이 두 주장이 이율배반에 빠지지 않게 하면서 타당성을 확보해보려고 한다.[132] 그의 이러한 의도는 자신의 철학의 전체를 관통해 있으며, 따라서 그는 이런 전반적인 목적을 관철시키기 위해서 초월적 관념론을 주장했다.

그의 초월적 관념론은 앞에서도 계속 언급했듯이 일관되게 인식의 세계와 사유의 세계, 현상의 세계와 초월의 세계, 주어진 세계와 부과된 세계를 구별하는 것이었다. 우리는 주어진 세계를 인식할 수는 있어도 세계 자체를 인식할 수는 없다. 물론 우리가 인식하는 세계가 주어져 있는 한, 그 세계에 대한 소재를 우리에게 제공하는 세계 자체가 있을 수밖에 없다. 물론 그 세계 자체도 인식 차원에서 있다느니 없다느니 주장할 권리는 우리에게 없다. 다만 세계 그 자체가 요청될 뿐이다. 칸트가 여기에서 주장하는 세계 자체는 물리적 세계를 넘어 이념의 세계까지 포함하고 있다고 보아야 할 것이다. 그러니 이념으로서의 세계는 우리에게 현실적으로 주어진 세계가 아니라 우리가 희망하고 바라는 세계다. 그런데 우리는 그 세계를 물리적인 인식의 세계와 같은 차원에서 다루려는 오류를 범하고 있다. 이것은 마치 '오류 추리론'에서 '나'를 이야기할 때 초월적 나라는 것을 단순한 물리적, 심리적 나와 동일시하려는 경우와 마찬가지다. 그러므로 이 '나'는 이미 이념으로 우리에게 '부과된 나'이지 우리에게 '주어진 나'가 아니다. 이처럼 '이념적인 나'나 '이념적인 세계'는 결코 인식의 세계가 아니다. 그러므로 우리는 거기에 대해서 어떤 인식의 권리도 주장할 수 없다. 우리는 마치 그런 세계와 그런 내가 있는 것처럼als ob 살지 않으면 안 된다. 이것들은 이론적으로 실재성이 확보되지 않으며, 어디까지나 요청될 수밖에 없는 영역이다. 이것은 인식 일반이 가능하기 위해서 바깥에서 소재를 제공해주는 세계 자체와 거기에서 받아들인 내용을 통일하는 나 자체가 있어야 한다는 것과 일맥상통한다.

이제 나와 세계 자체의 근원적인 바탕이 되는 신이라는 이념을 살펴보자. 칸트는 이것을 '순수이성의 이상'[133]에서 다루고 있다. 지난날의 많은 철학자들은 신이 존재한다고 또는 존재하지 않는다고 주장하기도 했다. 그러나 이들 주장은 모두 존재와 사유를 구별하지 못했기 때문에 이렇게 주장한 것이었다. 그에 따르면 신의 존재를 증명하는 것은 크게 세 가지로 대별될 수 있다. 그것이 바로 존재론적 증명, 우주론적 증명, 자연신학적 증명이다. 존재론적 증명은 신이 완전하다면 모든 것을 갖고 있어야 한다는 주장에서 신이 '존재'라는 것을 자체 내에 갖고 있다는 논리에 근거하여 신은 이미 그 본질 자체가 존재라는 것이다. 그리고 우주론적 증명은 이 세계가 존재하고 있다면 그 세계를 존재하게 한 자가 있을 것이고, 바로 그 자가 신이라는 것이다. 마지막으로 자연신학적 증명은 목적론적 증명이라고도 하는 것으로 이 세계에 질서가 있다면, 질서를 창조한 자가 있을 것이며, 바로 그 자가 신이라는 것이다.

칸트는 비록 앞의 순수이성의 오류 추리론이나 순수이성의 이율배반론처럼 정언적 추리나 가언적 추리를 순수이성의 이상론에서는 일정하게 제시하지 않았지만, 미루어 짐작해볼 때 신과 관련하여 그가 제시하고자 한 선언적 삼단논법은 아마 다음과 같이 정식화될 수 있을 것이다.

대전제 : 신은 필연적 실재성을 갖거나 '우연적 실재성'을 갖는다.
소전제 : 그런데 신은 '우연적 실재성'을 갖는 것이 아니다.
결론 : 그러므로 신은 필연적 실재성을 갖는다.

위의 추리 역시 이성적 심리학이나 우주론에서 주장된 매개념 애매성의 오류를 범하고 있다. 왜냐하면 대전제의 매개념인 '우연적 실재성'은 순수 범주의 초월적 의미로만 사용된 반면, 소전제 '우연적 실재성'은 경험적 의미로만 사용되었기 때문이다. 이러한 상황을 좀더 선명하게 제시하려면 소전제의 '그런데 신은' 다음에 '감성적으로 직관하는'이라는 말이 첨가되어야 할 것이다. 그러나 이렇게 고쳐놓고 보면 대전제의 매개념은 물자체에 적용되고 있는 데 반해, 소전제의 매개념은 현상에만 적용되고 있다. 그러므로 위의 결론은 정당하게 도출될 수 없다.

칸트는 이와 같은 대원칙에 입각하여 세 가지 선언적 추리와 관련된 신의 존재 증명 방식을 구체적으로 문제 삼는다. 그러나 칸트는 이 세 가지 증명 중 세 번째 증명은 둘째 증명에, 두 번째 증명은 첫 번째 증명에 의존하고 있다고 보며, 따라서 첫 번째 증명에 문제가 있으면 나머지 증명도 문제가 있다는 것이다. 왜냐하면 우주론적 증명이나 자연신학적 증명은 결국 세계를 있게 한 존재나 세계에 질서를 창조한 자나 그 자가 존재한다는 궁극적인 주장에 바탕을 두고 있기 때문이다.

그래서 칸트는 첫 번째 신의 존재 증명이 부당함을 밝히는 작업부터 먼저 수행한다. 그에 따르면 첫 번째 존재론적 논증은 근본적으로 논리적 오류를 범하고 있다. 신이 완전하다는 개념에서 신이 존재한다는 것이 도출되지는 않기 때문이다. 우리가 쓰는 '존재'라는 개념은 앞서 범주를 언급한 부분에서 나왔듯이 어디까지나 현상에만 적용되지 현상 너머에까지 주장될 수 없다. 신의 완전성을 생각할 수 있다고 해서, 거기에서 신이 존재한다는 상태에까지 이를 수 없다. 적어도 칸트에 따르면 '존재'라는 것은 존재자의 관념에 귀속되는 속성이 아니다. 즉 '존재'는 술어가 될 수 없다. 따라서 그에게는 신에 대한 존재론적 증명은 동어 반복에 불과하다. 왜냐하면 완전자에 존재를 귀속시켜 신이 존재한다고 주장한다면 그것은 곧 완전자가 존재한다는 주장을 반복하고 있는 것에 불과하기 때문이다.[134]

다음으로 칸트는 우주론적 증명을 비판한다. 그는 우주론적 증명의 사례를 라이프니츠에게서 찾고 있다. 우주론적 증명은 "만약 어떤 것이 지금 존재한다면 절대 필연적인 존재자도 지금 존재해야 한다. 그런데 적어도 나는 지금 존재한다. 그러므로 절대 필연적인 존재자도 지금 존재해야 한다"[135]는 형식을 갖추고 있다. 이처럼 우주론적 증명은 경험적인 존재 일반에서 필연적인 존재자가 지금 존재함으로 나아간다. 그러나 칸트에 따르면 이와 같은 논증은 인과 원칙을 초재적으로 사용하는 것에 바탕을 두는 것으로 부당하다. 특히 이 논증도 더 이상 다른 것에 의해서 원인을 갖지 않는 완전자가 가능하다 하더라도 결국 그 완전자가 존재한다는 존재론적 증명에 의존해야 한다. 그러나 이미 앞에서 존재론적 증명에 문제가 있음이 제시되었다. 그러므로 이 증명 역시 문제를 안고 있다.

마지막으로 칸트는 자연신학적 증명과 관련해서도 마찬가지의 비판을 제시하고 있다. 그는 여기서도 인과 원칙을 월권해서 사용하는 것을 강력하게 경계한다.[136] 그는 자연신학적 증명을 다음과 같이 정리하고 있다. "세계에서 우리는 합목적적인 질서의 분명한 표징들을 관찰한다. 그런데 이런 표징들은 우연적인 것이며 사물의 본성에 속하지 않는다. 그렇다면 이러한 표징들의 원인이 있어야 하며, 이 원인은 예지적이며 자유로워야 한다. 그러므로 세계의 서로 다른 부분들의 상호 관계들, 즉 예술작품과도 같은 조화로운 체계를 산출하는 상호 관계들은 유일한 원인에 근거하고 있다." 칸트는 이와 같이 목적성을 통하여 신의 현존을 증명하는 방식을 목적에 대한 수단이 적합한가를 유추하는 것에 바탕을 두고 있는 것으로 파악하고 있다. 그러나 칸트는 이러한 "증명은 기껏해야 자신이 다루는 재료들에 많은 제한을 받는 세계 건축가가 지금 존재함을 입증할 수는 있으나 세계 창조자가 지금 존재함을 입증할 수는 없다"137고 주장한다. 결국 자연신학적 증명은 우주론적 증명이 존재론적 증명에 의존해 있듯이 우주론적 증명에 의존해 있다. 이 세계 질서의 고안이라는 관념에서 그것을 고안한 자로 나아가기 위해서는 우주론적 증명의 과정을 거칠 수밖에 없고, 궁극적으로 존재론적 증명에 의존하지 않을 수 없다. 그러나 이미 이런 과정이 무리가 있음이 입증되었다.138 따라서 자연신학적 증명도 성립될 수 없다는 것이 칸트의 입장이다.

그러나 칸트가 세계 안의 관찰 가능한 질서와 통일에서 추론하고 있는 자연신학을 거부했다고 해서 도덕적 신학마저 거부한 것은 아니다. 그는 진정한 도덕신학의 길을 열어놓기 위해 자연신학에 제동을 가했다.139 그가 자연신학을 거부하는 것은 이성의 월권을 막기 위함이며 동시에 참다운 도덕신학을 마련하기 위함이다.140

이상에서 보듯이 칸트는 이성이 지향하는 이념을 규제적으로 사용해야지 구성적으로 사용해서는 안 됨을 강하게 제시하고 있다. 지성의 구성적 원리와 이성의 규제적 원리가 서로 혼동되어서는 안 된다는 것이 칸트의 입장이다. 물론 칸트는 이성이 지향하는 이념을 "항거할 수 없는 가상"[141]이라고까지 주장한다. "지성이 범주들에 대하여 자연스럽듯이, 초월적 이념들은 이성에 대해서 자연스럽다."[142] 그러므로 이성은 그런 유혹에 자연스럽게 빠져들어갈 수 있다. 그러나 칸트의 초월적 변증론이 지향하는 것은 그런 유혹을 정정하는 것이다. 그렇게 하여 우리의 이성은 이념을 초재적으로 사용하지 않고 규제적으로 사용함으로써 인식을 체계적으로 배열해야 한다. 칸트는 감성, 지성, 이성의 관계를 다음과 같이 규정한다.

감성이 지성의 대상이 되는 것처럼, 지성은 이성의 대상이 된다. 지성의 가능한 경험 활동 전부를 체계적으로 통일하는 것이 이성이 해야 할 일이다. 이것은 지성이 해야 할 일이 현상의 다양한 것을 개념으로 결합하고 경험적 법칙 아래 가져오는 것과 같다.[143]

따라서 이념은 우리로 하여금 현재의 지각에 만족하지 못하게 하고 모든 현상을 학문적으로 통일시키며, 또 그렇게 하도록 재촉하는 발견 원리다. 칸트에 따르면 이것이 구성적 원리로만 사용되지 않는다면 얼마든지 과학적 작업과 양립할 수 있으며, 어떤 의미에서는 이들의 작업을 진척시키고

도와주기도 한다.

그는 위에서 언급한 이념과 이상으로서의 영혼, 자유, 신에 대해서 이론적인 인식에 한계를 긋고 그것의 현실성을 실천적으로(도덕적으로) 확보하고자 한다.[144] 이론 이성을 소극적으로 사용하는 것은 실천이성을 적극적으로 사용하기 위함이다.[145] 그래서 그는 다시《실천이성 비판》을 집필했다.

(7) 형이상학의 새로운 길

이미 앞에서 언급했듯이 칸트는 '소질로서의 형이상학'은 어떻게 가능하며, '학문으로서의 형이상학'이 과연 가능한가라는 물음을 제기하고 있다. 칸트에 따르면 소질로서의 형이상학은 인간 이성의 본성에 의해 가능하다. 그리고 그것은 우리로 하여금 완전한 존재나 필연적 존재라는 이념을 현실화하도록 만들며, 신에 대한 도덕적 접근을 가능하도록 만든다. 따라서 이런 형이상학적인 존재에 대한 자연적인 충동자체는 부당한 것이 아니며, 우리에게는 너무나 자연스러운 것이기도 하다.

그러나 이런 영역이 학문으로서 자격을 가지려면 그것은 문제가 될 수밖에 없다. 즉 그는 학문으로서의 형이상학에 관해서는 상당히 회의적인 반응을 보인다. 그의 주장에 따르면 사변적 형이상학은 순수이성의 초월적 이념들에 상응하는 대상들에 관한 학문으로 이것은 대상들의 현존을 주장하기 때문에 이미 지성의 구성적 원리를 초재적으로 사용하는 월권이 일어나고 있다. 우리는 그런 대상들을 사유할 수는 있지만 인식할 수는 없는 법이다. 칸트에 따르면 형이상학적으로 추정된 인식은 유사 인식이지 결코 인식이 될 수 없다.

그렇다고 칸트는 형이상학적 명제가 전혀 무의미하다고는 생각하지 않는다.[146] 형이상학적 명제는 순수 사유 속에서 언급되는 존재이기 때문에 무의미할 수 있다. 그러나 그것이 논리실증주의자들이 주장하는 의미에서 무의미하다는 것은 아니다. 칸트는 형이상학의 중요성을 지속적으로 주장했고,[147] 자유, 영혼 불멸, 신에 대한 실천적 신앙의 이성적 합법성을 보여주려고 했다.[148] 그래서 칸트는 의지의 자유, 마음의 정신성, 최고 예지적 존재가 우리의 인식과 관련해서는 전혀 필요없을지라도, 우리의 이성이 그러한 것들을 절실하게 요구하고 있다면, 그것들의 중요성은 실천적인 것과 관련되어 있다고 주장한다.[149] 비록 우리는 신을 도식화된 범주를 통해서는 인식할 수 없다 할지라도, 상징으로는 사유할 수 있다. 그래서 칸트는 비판이 증명하고자 하는 것은 현상의 세계에만 갇혀 있는 '제한Schranken'이 아니라 현상계와 예지계 사이의 '합일 없는 매개Vermittelung ohne Vereinigung'를 모색하는 '한계Grenzen'였다.[150] 아무튼 칸트에게 분명한 한 가지 사실이 있다면, 그의 이런 작업이 이미 도덕형이상학을 구축하는 예비 단계가 되고 있다는 점이다.

4. 《순수이성 비판》이 후대 철학에 끼친 영향과 계보

사실 칸트의 《순수이성 비판》은 철학을 공부하는 사람이면, 특히 서양 철학을 공부하는 사람이라면 누구나 한 번쯤 고민해보아야 하는 책이다. 오늘날까지도 철학을 공부하는 사람이 이 책에 이토록 큰 관심을 갖는 것은 결코 우연한 일이 아니다. 1781년에 이 책이 출간되었을 때 칸트는 독일뿐 아니라 이웃 나라들에도 매우 빠른 속도로 알려지기 시작했다. 특히 이성에 관한 칸트의 비판 정신은 당시 많은 사람이 주목하는 내용이 되었다.[151] 그러나 칸트와 칸트의 비판 정신에 쏟아지는 관심이 반드시 긍정적이지만은 않았다. 칸트의 진보적 정신이 제시하고 있는 이성의 능력에 대한 비판이나 종교에 대한 비판은 당시 이성의 능력과 종교를 신뢰하고 있었던 사람들에게는 매우 불만스러운 요소였다.[152] 특히 그의 비판철학은 정치 집단이나 교회 집단의 거센 반발을 샀다.[153] 그럼에도 칸트 철학의 영향은 계속 퍼져나갔다.

이리하여 칸트 후의 독일 관념론은 칸트의 비판철학을 계승하면서도 그의 철학의 한계를 극복하는 데 주안점을 두게 되었다. 사실 칸트의 《순수이성 비판》에서 가장 논란이 되었던 부분은 현상과 물자체의 관계이다. 야코비F. H. Jacobi는 우리가 칸트의 물자체를 긍정적으로 수용하지 않고서는 그의 이성 비판 속으로 들어갈 수 없으며, 물자체를 수용하고서는 그의 이성 비판에 머물러 있을 수 없다고 주장했다. 이후 헤르더, 라인홀트를 거쳐 피히테J.G.Fichte는 칸트의 이 문제를 본격적으로 극복해보려고 시도했다. 피히테는 실천이성의 우위의 차원에서 칸트의 현상과 물자체의 분열을 메우려고 했으며, 이론이성과 실천이성을 통일시키고자 했다.

한편 셸링F. W. J. Schelling은 자아를 강조하는 피히테의 주관성을 벗어나기 위해 자연을 중시하는 절대자의 철학을 확립하고자 했다. 사실 칸트는 감성과 지성을 통해 이루어지는 인식의 영역과 이성이 추구하는 이념 사이를 규제적 관계를 통하여 조심스럽게 매개하고자 하는데, 피히테 이후 전개되는 독일 관념론에서는 이것들 사이를 합일하고자 한다. 특히 헤겔G. W. F. Hegel에 이르러 칸트의 '요청'의 태도는 '지양'의 태도로 변경되면서, 물자체가 인식의 범주 안으로 들어오게 된다.154 그래서 인식과 믿음이, 사유와 존재가 하나로 통일된다. 따라서 칸트가 부정했던 사변신학, 자연신학은 다시 복권된다. 그래서 칸트의 철학은 유한의 철학, 미완의 철학으로 규정되고 헤겔의 변증법철학의 발전 과정에서 드러나는 하나의 계기로 전락하게 된다. 그래서 헤겔을 비판하고 나온 마르크스 철학에서조차 칸트는 여전히 비판의 대상이 되었다.

이와 같은 비판의 경향은 실존주의자들에게도 마찬가지로 나타났다. 쇼펜하우어A. Schopenhauer는 칸트의 이성 중심적 태도를 거부하고 실천 이성의 우위를 수용하여 의지 중심의 철학을 전개하고자 했다. 쇼펜하우어의 이와 같은 문제 의식은 나중에 실존주의 계통의 철학자들에 의해 본격적으로 계승, 발전되었다. 그러나 당시에는 유물론적 사유가 압도적이었는데, 오히려 이러한 흐름이 과학적이고 실증적인 연구를 촉진시키게 되었다. 그래서 이러한 흐름은 칸트의 비판 정신과 과학 정신을 근거로 관념론적 사변주의나 유물론적 사변주의를 비판하는 흐름으로 이어졌다. 여기에 칸트를 새롭게 부흥시키는 신칸트주의, 이른바 마르부르크 학파Marburger Schule와 서남학파Südwest-deutsche Schule가 등장했다.[155] 이들은 칸트의 인식론 연구를 중심으로 형이상학을 배제하고자 했다.[156] 전자에 속하는 코헨H. Cohen [157]과 나토르프P. Natorp 는 철저히 논리주의적인 과학적 관념론을 주장함으로써 칸트의 물자체의 문제와 실증주의를 극복하고자 했다. 한편 후자에 속하는 빈델반트W. Windelband[158]와 리케르트H. Rickert[159]는 칸트의 비판 정신을 계승하여 자연과학에 대립되는 역사과학, 문화과학의 독자적 방법론을 구축하여 가치철학을 확립하고자 했다.[160] 그래서 이들은 모두 철학은 수학적 자연과학의 토대일 뿐만 아니라, 문화과학과 심지어는 비과학적인 세계에까지 토대가 됨을 주장했다.[161]

이러한 신칸트학파의 흐름은 현상학, 실존주의 등으로 이어지게 되었다. 현상학은 신칸트주의의 주관적 심리주의를 벗어나 객관주의를 마련하기 위한 작업을 수행하지만, 이들 역시 칸트의 영향을 많이 받았다.[162] 현상학의 중심 인물인 후설E. Husserl은 처음에는 브렌타노F. Brentano의 영향을 받아 칸트에 대하여 부정적인 태도를 지니고 있었지만, 나중에 나토르프의 영향으로 칸트의 철학에 좀더 긍정적으로 임하게 되었으며, 자신의 현상학을 초월철학이라고 주장했다.[163] 그러나 후설은 칸트가 자연과학적 인식에 너무 기울어져 있다는 점에서 그의 철학을 비판적으로 바라본다. 그리고 막스 셸러M. Scheler나 하르트만N. Hartmann도 칸트의 영향을 받았다. 그러나 이들은 칸트의 형식주의를 비판하고 내용적인 본질 진술도 선험적인 것으로 여겼다.

한편 형이상학을 배제하고 인식론을 중시한 신칸트주의와는 달리 야스퍼스K. Jaspers와 하이데거는 형이상학을 새롭게 정립하려고 했다. 야스퍼스는 인간의 한계 지평과 초월자와 관련하여 칸트 철학을 재정립하고자 했으며, 하이데거는 초월적 자아를 중시하는 후설과는 달리 감성과 지성의 뿌리인 초월적 상상력을 중심으로 칸트의 초월철학을 자신의 기초존재론으로 발전시키려 했으며,[164] 들뢰즈G. Deleuze는 칸트의 초월적 관념론을 초월적 경험론으로 전환하고자 했다.[165] 또한 신토마스주의자, 즉 초월적 토마스주의자인 라너 K. Rahner, 로츠J. B. Lotz, 데 브리스Joseph de Vries는 토미즘과 칸트, 헤겔을 비교 분석하여 칸트를 새롭게 발전시키고자 하

였다.[166]

그러나 영국의 포퍼K. Popper는 이들과는 다른 관점에서, 즉 칸트의 이성 비판적 관점에서 비판적 합리주의의 새 길을 모색했다. 그 역시 칸트처럼 인식의 선험성을 중시했는데, 다만 칸트처럼 탈역사적인 인식의 선험성이 아니라 역사 속에서 오류 가능성을 허용하는 선험성을 주장한다. 포퍼 이후 현대 철학에서 칸트의 초월철학이 다시 여러 지역에서 모색되고 있다.[167] 특히 영미 철학권에서는 스트로슨P. F. Strawson이 칸트 연구로 지대한 영향을 미치고 있다. 그는 우리의 일상적 언어와 사고에서 일정한 선험적 범주를 발견할 수 있다고 보며, 특히 《감각의 한계Bound of Sense》(1966)라는 책으로 칸트의 《순수이성 비판》에 대한 풍부한 논의를 가능하게 해주었으며, 베네트J. Bennet로 하여금 초월철학의 가능성을 다시 열어놓도록 만들었다.

그러나 이후 칸트의 초월철학의 성립 가능성을 비판하는 입장들이 많이 제시되기 시작했다. 콰인Willard Van Orman Quine은 〈자연화된 인식론Epistemology Naturalized〉(1969)을 통해 칸트가 구별한 분석 판단과 종합판단의 차이가 성립될 수 없음을 지적하고, 나아가 그의 선험적 종합판단의 부당함을 지적하고 있다. 또한 쾨르너S. Körner는 칸트가 주장하는 '초월적 연역'이 불가능함을 지적하고 있다. 초기 러셀B. Russell과 셀라스W. Sellars, 데이비드슨D. Davidson, 로티R. Rorty 등으로 이어지면서 칸트의 초월철학은 계속 비판받게 되었다.[168] 이와 같은 측면은 니체의 전통을 이어받은 푸코의 계보학적 접근에도 나타난다.[169]

그러나 오늘날 이런 입장에 반기를 들고 오히려 칸트의 초월철학을 다른 관점에서 살리려는 움직임이 활발하게 일어나고 있다. 그것이 의식철학으로서의 초월철학이 아니라 언어철학으로서의 초월철학이다. 인식이 성립되기 위한 의식의 초월적 구조가 아니라 언어의 초월적 구조를 분석하는 일이 아펠K. O. Apel,[170] 후기 비트겐슈타인,[171] 하버마스J. Habermas 등에 의해서 모색되고 있다. 이것은 의식철학이 지닐 수 있는 유아론적 요소를 벗어나기 위함이기도 하다.[172]

이상에서 보듯이 칸트의《순수이성 비판》이 함축하고 있는 철학적 의미들은 끊임없이 논란이 되고 있다. 이것은 그만큼 그의 이 저서가 긴 생명력을 지니고 있음을 입증해주는 셈이다.

5. 《순수이성 비판》의 현대적 의미

《순수이성 비판》은 넓게는 인간의 이성이 그려내는 형이상학적 독단을 비판하고, 좁게는 경험론과 이성론의 양극단을 비판하고 종합한다는 점에서 의의가 크다. 특히 이성이

할 수 있는 것과 할 수 없는 것을 엄격하게 판정하는 그의 비판 정신은 철학에서 영원히 새겨들어야 할 중요한 요소가 된다. 철학이 비판의 학문인 이상 칸트의 철학은 그 내용이 지엽적으로 문제가 된다 하더라도 여전히 존재 가치가 있다.

특히 그의 비판철학이 함축하고 있는 경험과 사유, 존재와 당위, 사실과 가치의 구별은 우리에게 시사하는 바가 매우 크다. 사실 그동안 인간은 사유, 당위, 가치의 영역을 경험, 존재, 사실을 초월한 영역으로 설정하거나 후자로 환원시키려는 면을 보여주었다. 전자의 대표적인 경우가 플라톤으로 그의 철학은 화이트헤드의 주장처럼 서구철학을 천 년 이상 지배해왔다. 그러나 플라톤의 철학은 동굴의 세계를 거짓과 악으로 규정하고, 동굴을 초월하여 하늘에 있는 태양의 세계를 참과 선으로 규정함으로써 현실 세계를 다루는 감각과 관련된 자연과학적 작업을 무의미하게 만드는 면이 강했다. 반면 소피스트들이나 중세의 유명론唯名論자들, 근대 영국의 경험론자들은 눈에 보이는 동굴의 세계만을 의미 있는 것으로 규정함으로써 사실주의, 물질주의, 감각주의로 흘러버려 인간의 가치 세계를 모두 무의미하게 만드는 경향이 강했다. 이와 같은 대립은 현대 철학 안에서도 여전히 진행되고 있다. 해석학과 자연주의(실증주의)의 대립이 대표적인 경우이다.

그러나 역사 속에서 보아왔듯이 형이상학적 독단주의(도

덕주의, 종교주의)나 자연주의(물리주의, 욕망주의, 쾌락주의)는 인간의 삶을 또 하나의 억압 상태로 몰고 갔다. 칸트는 자신의 비판 정신을 통하여 주체가 할 수 있는 것은 당당하게 하고, 할 수 없는 것은 냉정하고도 겸손하게 인정하고자 하고 이성의 오만함이나 이성의 무력함, 그 어느 것에도 기울어지지 않으려고 한다. 그의 철학은 한마디로 '사이성'을 살려내려는 소중한 가치가 담겨 있다.

그의 이런 철학적 정신은 오늘의 우리에게도 여전히 의미 있는 작업이 아닐 수 없다. 절대적 보편주의와 상대주의를 모두 거부하는 오늘의 사회는 어떤 의미에서는 칸트의 비판 정신을 계승하고 있다고 볼 수 있을 것이다. 특히 과학과 도덕을 구별함으로써 한쪽 영역이 다른 쪽 영역을 침범하지 못하게 함으로써 균형을 유지하고자 하는 그의 작업은 여전히 의미 있는 작업이다. 더군다나 과학, 도덕, 예술, 종교의 영역을 조화시키려는 그의 입장은 우리에게 계속 의미 있는 영역으로 남아 있다.

따라서 칸트 철학의 생명력은 단순히 18세기 철학의 한 부분으로 막을 내린 것이 아니라 오늘날 현대 철학에도 인식론, 존재론, 윤리학, 미학, 종교철학, 사회철학 등 다양한 영역에서 이어지고 있다. 사실 유럽의 현대 철학은 칸트 철학과 직간접적으로 연관되어 있다고 해도 과언이 아니다. 그것은 아마도 그의 철학이 근대 철학을 비판적으로 종합하면서

높은 봉우리를 이루었고, 현대 철학자들의 상당 부분이 그러한 그의 철학을 반성하는 가운데 출발하고 있기 때문일 것이다. 현대 철학이 근대 철학을 배제하고 논의할 수 없듯이, 수많은 현대 철학자들이 칸트 철학에 관한 고민을 배제한 채 자신의 철학을 해나갈 수 없다. 이런 의미에서 이 책은 매우 의의 있다고 여겨진다.

1 1781년에 출간된 이 초판의 서문은 재판에서는 생략되었다.

2 (옮긴이주) 칸트는 이성Vernunft을 넓은 의미로 사용하기도 하고 좀 더 제한해서 사용하기도 한다. 본문에서 전자의 경우 이성은 사물을 인식하고 판단하는 능력 일반과 관련되어 있다면, 후자의 경우는 지성Verstand이 우리에게 가져다준 여러 가지 판단 내용들을 통일하기 위해 추리하는 능력이다. 특히 좁은 의미의 이성은 이성과 지성을 구별한 볼프Christian von Wolf의 전통을 이어받은 것이다. 그러므로 후자의 이성은 감성에서 주어지는 내용에 구속되어 있지 않다. 즉 후자의 이성은 지성처럼 가능한 경험의 조건들에 예속되어 있지 않고 신이나 영혼이나 내세와 같은 무제약자를 지향한다.

3 우리는 가끔 우리 시대의 사유 방식이 천박하며 기초 학문이 쇠퇴했다는 불평을 듣곤 한다. 그러나 나는 수학이나 물리학 등과 같이 기초가 잘 닦여 있는 학문이 이러한 비난을 조금이라도 받을 것이라고 생각하지는 않는다. 오히려 이런 학문들은 기초의 탄탄함 때문에 옛 명성을 유지한다. 심지어 물리학은 압도적으로 이러한 면을 보여주고 있다. 그런데 다른 종류의 인식에서도 우선 그것의 원리들을 바로잡는 데 신경을 쓴다면, 바로 이와 같은 탄탄한 정신의 활동이 분명히 현실화될 것이다. 이러한 노력이 결핍되면 무관심,

의심 그리고 최종적으로는 심각한 비판이 오히려 근본적인 사유 양식임을 입증하는 꼴이 될 것이다. 우리 시대는 엄밀한 의미에서 비판의 시대이며, 이 비판에 모든 것이 예속되어야 한다. 종교는 자신의 신성함을 통하여, 입법은 자신의 존엄함을 통하여 이와 같은 비판을 벗어나려고 할 수도 있다. 그러나 그 다음 이러한 것들은 스스로에 대해서 정당한 의혹을 불러일으키게 되며, 그래서 있는 그대로 존경할 것을 요구할 수 없게 된다. 이성은 자신의 자유롭고도 공개적인 검사를 버텨낼 수 있었던 것에 대해서만 그와 같은 존경을 승인한다(AXII).

4 (옮긴이주) 칸트는 논리학을 일반 논리학, 응용 논리학, 초월 논리학으로 구별한다. 일반 논리학은 형식 논리학을 의미하며 이것은 인식의 내용과 관계하지 못하는 추상적 사유의 논리이며, 응용 논리학은 구체적인 경험 상황에서 우리들이 부딪히게 되는 우연적인 문제들을 다루고 있어 내용은 제공해주지만 학문이 갖추어야 할 보편성과 필연성이 확보되지 않는다. 반면 칸트 자신이 지향하고 있는 초월 논리학은 사유의 형식과 경험의 내용을 종합하는 선험적 종합판단을 탐구한다. 그는 자신의 이러한 논리학을 진리의 논리학이라고 부른다.

5 (옮긴이주) 기존에는 대개가 'a priori'와 'transzendental', 'transzendent'를 '선천적', '선험적', '초월적'이라고 옮겼는데, 이 책에서는 '선험적', '초월적', '초재적'으로 옮기고자 한다. 원래 a priori는 '무엇보다 앞선prius, von vorherein'이라는 뜻으로, 칸트에게서는 이것이 '경험에 앞서서', '경험과 독립하여'라는 뜻으로 쓰이며, 더군다나 그의 철학에서는 이 용어가 생리학적 의미가 아니고 논리적 의미로 사용되기 때문에 '선천적'이나 '생득적'으로 번역하기보다는 '선험적'으로 번역함이 적당할 것 같다. '선험적a priori'이라는 것은

예전에는 '경험에 앞서서vor der Erfahrung, 순전히 개념에서, 경험 없이 사유를 통해서만 규정됨'이라는 의미 차원을 지니고 있었다. 그러나 여기서는 이것이 비판적 선험주의Apriorismus와 관계되는 것으로, '시간적이고 심리적인 의미에서가 아니라 논리적으로 경험에 앞서고 경험에 독립적이며, 따라서 경험에 근거하지 않으며 경험에서 추상된 것도 아닌, 그러므로 경험을 통해서 주어지거나 경험에서 나온 것도 아닌, 경험과 독립적으로 획득되고 설정되는 타당함'과 관계된다(R. Eisler, *Kant Lexikon*(Zürich : Georg Olms Verlagsbuchhandlung, 1964) 참조). 따라서 transzendental을 a priori 때문에 '선험적'이라고 옮길 수 없으므로 적합한 의미를 담을 수는 없지만 'trans'가 '무엇을 넘어선다'라는 의미이고 또 transzendent와 구별하기 위하여 편의상 '초월적'으로 옮기고자 한다. transzendental이나 transzendent나 모두 어원이 'transcendens'에서 온 것으로 '초월'의 의미를 담고 있다. 다만 칸트는 transzendent를 'immanent'와 대비 개념으로 사용하고 있으므로 각각 '초재적', '내재적'으로 옮기고자 한다. 또한 a priori와 대비되는 a posteriori는 '후험적'으로, transzendental에 대비되는 empirisch는 '경험적'으로 옮기고자 한다. 이와 같은 용어의 사용법은 이미 칸트 학회의 일부 학자들이 주장한 바 있다. 여기에 대한 좀더 세부적인 설명을 보려면 F. 카울바하의 《칸트—비판철학의 형성과정과 체계》(서광사, 1992), 311~319쪽을 참조하라.

6 (옮긴이주) 'Verstand'를 기존에는 '오성悟性'으로 옮겼으나, 이 책에서는 '지성知性'으로 옮겼다. 사실 오성의 '오悟'는 '깨닫는다'는 의미로 '오성'의 문자 그대로의 의미는 '본성을 깨닫는다'는 의미이다. 그러나 칸트에게 'Verstand'는 감성을 통해서 주어진 잡다한 내용을 분류, 정리, 통일하는 능력으로 자발성을 지니는 사고 능력이며,

규칙을 제공하는 능력이다. 그야말로 현상적 자연에 질서를 입법하는 자이다. 따라서 칸트의 이런 의미는 사물의 본질, 본성을 깨닫는다는 의미보다는 사물의 사물임을 규정하는 의미를 지니기 때문에 '오성'보다는 '지성'으로 옮기는 것이 적합할 것 같다. 왜냐하면 우리말로 지성은 '사물을 알고 판단하고 생각하는 능력'이기 때문이다.

7 (옮긴이주) 칸트는 순수 지성 개념을 범주라고도 한다. 그에 따르면 순수 지성 개념은 판단이 포함하는 각종 표상들을 통일하는 기능을 하는 것으로, 지성 자체가 표상한 초월적 내용을 '지성의 순수한 개념들'이라고 한다. 지성은 바로 이러한 순수한 개념들을 통해 직관에서 주어진 내용을 종합적으로 통일한다. 칸트는 순수 지성 개념인 범주를 판단표에서 도출한다(*Kritik der reinen Vernunft*(이하 KrV로 표기한다), B 105, 106 참조).

8 (옮긴이주) 1803년 스탈 부인Madme de Staël이 실러F. Schiller와 이야기를 나누던 중에 'transzendental'이 무엇을 의미하느냐라는 질문이 제기되었다. 여기서 실러가 답하기를 이 단어의 의미를 이해하기 위해서는 칸트의 저서를 이해해야 한다고 말했다. 그러나 사실이것은 너무나 간단한 답변이었고, 이 단어의 역사는 철학의 역사만큼이나 오래된 것이다. 물론 이 단어가 본격적으로 사용된 것은 칸트 철학에서부터이다. 이 단어는 중세 후기에도 자주 사용된 단어 'transcendentalia'와 같은 것으로, 당시에는 존재론적 의미를 가진 것이었다. 즉 중세 때는 'transcendental'이라는 용어는 "최상의 유類 개념마저 뛰어넘는, 그래서 항상 이미 전제되어 있는 그야말로 제1의 개념들"이라는 의미로 사용되었다(O. Höffe, *Klassiker der Philosophie*, 2권(C. H. Beck : München, 1981), 16쪽). 따라서 이 용어는 존재자를 가장 보편적으로 규정하는 직접적인 대상 인식의 가

능성으로 여겨졌다. 그러나 칸트와 칸트 이후의 철학에서는 이 용어가 경험의 선험적인 가능 조건들에 적용되는 인식의 술부로 사용되었다. 사실 중세에 사용된 'transcendentalia'라는 개념은 형이상학의 고유한 대상에 관계한다. 그러나 이 개념의 위상이 칸트에 와서 달라지게 되었다. '경험적'이라는 개념은 규정된 인식의 보편적 술어로서의 '초월적'이라는 개념과 대조된다. 이제 '초월적'이라는 용어는 '방법', '입장', '관점'이라는 특징을 지니게 되며, 그에 반해서 '초재적transzendent'이나 '형이상학적'이라는 용어는 '초경험적'이라는 의미로 사용되었다. 칸트에 와서 '초월적'이라는 용어는 내적 경험과 밀접하게 관련되었다. 칸트의 '초월'에 관한 문제 설정은 신칸트주의에 의해서 새롭게 확장되었으며, 그것은 현상학에 이르러 세계와 관련하여 '가능한 경험의 총괄'이라는 의미로 다시 수용되었다. 그래서 하이데거도 '초월적'이라는 말을 세계의 총괄이라는 개념과 관련하여 사용했다. 그리고 20세기에 와 비트겐슈타인L. Wittgenstein, 아펠K. O. Apel, 하버마스J. Harbermas, 푸코M. Foucault, 가다머H. G. Gadamer 등은 이 용어를 '언어적 전회'라는 조건과 연관해 사용했다. 그리고 현대의 새로운 토마스주의자인 코레트E. Coreth, 라너K. Rahner, 로츠Johannes B. Lotz 등도 이 용어를 새롭게 수용했다(J. Ritter · K. Gründer (hrsg.), *Historisches Wörterbuch der Philosophie*(Basel : Schwabe & Co. AG Verlag, 1998), 1358~1434쪽 ; H. Caygill, *A Kant Dictionary*(Oxford : Blackwell, 1995), 399~400 쪽 참조).

9   (옮긴이주) '초월적 연역'은 독일어 'transzendentale Deduktion'을 번역한 것으로 "선험적인, 그러니까 주관적인 표상들이 어떻게 대상들과 관계를 맺을 수 있는가의 방식에 대한 해명"(A 85=B 117)을 의미한다. 다시 말하면 이 연역은 주관적인 표상들이 객체에 필

연적으로 적용되는 것의 정당성을 입증하는 것을 의미한다. 따라서 연역은 삼단논법에서 대전제로부터 소전제를 도출한다는 의미가 아니고 인식 주관의 선험적 형식이 어떻게 잡다한 내용에 정당하게 적용될 수 있는가에 관한 권리 차원의 증명을 의미한다.

10 (옮긴이주) '초월적 분석론'에서 칸트는 순수 지성 개념, 즉 범주를 판단으로부터 발견하여 그것을 직관에서 주어지는 잡다한 내용에 어떻게 적용할 수 있는지를 다룬다. 그리고 '초월적 변증론'에서는 판단이 모여 이루어지는 추리에서 일어나는 이성의 월권 행위와 관련하여 허구를 폭로하고 새로운 형이상학의 길을 모색한다. 그러므로 칸트가 여기서 사용하는 '변증론'이라는 용어는 '분석론'이 진리의 논리학을 다루는 것에 대비시켜 허구의 논리학을 다루는 것을 언급하기 위해서 사용되었다. 따라서 칸트의 '변증론'과 헤겔의 '변증법'이 혼돈되어서는 안 된다.

11 (옮긴이주) 이 쪽수는 초판의 '범주의 초월적 연역으로의 이행'이라는 부분에 해당한다. 재판에서는 124~126쪽에 나온다.

12 (옮긴이주) 칸트는 직관을 감각적 직관과 지성적 직관으로 구분한다. 전자가 사물을 곧바로 바라보고 수용하게 되는 감각적 작용을 의미한다면, 후자는 감각 기관의 도움 없이, 아니 그러한 기관의 범위를 넘어서 사물의 본성을 꿰뚫어보는 것을 의미한다. 그러므로 후자의 경우는 궁극적으로 사유와 존재의 일치를 주장한다. 그러나 칸트는 인간의 이성이 그러한 능력을 지니고 있지 않다고 보며, 따라서 감각적 직관만을 인정한다. 그렇기 때문에 후자의 직관을 인정하는 독단적 형이상학자들에 대해서 비판적이다.

13 (옮긴이주) 여기서 언급하고 있는 내용은 1754년에 출간된 테라손 수도원장 사후의 작품에 관한 것이다. 이는 1762년 《정신과 도덕의 모든 대상에 끼치는 영향의 관점에서 본 철학*Philosophie nach ihrem*

allgemeinen Einflusse auf alle Gegenstände des Geistes und der Sitten》이라는
제목으로 출간된 독일어 번역본으로 칸트는 아마도 이 책에 친숙했
던 것 같다. 테라손(1676~1750)은 프랑스인으로 정치소설《세토스
Sethos》를 출간했으며, 파리 학술원 회원이기도 했다.

14 (옮긴이주) 이 구절은 로마의 시인 페르시우스Persius의 풍자시에 나
오는 것이다.

15 (옮긴이주) 칸트는 라이프니츠-볼프의 전통을 이어받아 일반 형이
상학과 특수 형이상학을 구별한다. 전자는 존재론을 의미하며, 후
자는 이성적 심리학, 이성적 우주론, 이성적 신학 등을 포함한다. 칸
트의《순수이성 비판》의 분석론까지는 일반 형이상학으로서의 존
재를 다루고, 그 다음부터는 특수 형이상학의 문제점을 지적한다.
나아가 그는 형이상학을 자연형이상학과 도덕형이상학으로 구별
했다. 칸트는 이 점과 관련하여 다음과 같이 주장하고 있다. "형이
상학은 순수이성을 사변적으로 사용하는 형이상학과 실천적으로
사용하는 형이상학으로, 즉 자연형이상학과 도덕형이상학으로 나
누어진다. 전자는 만물의 이론적 인식에 관한 이성의 모든 순수한
원리, 단지 개념에 기초한……이성의 모든 순수한 원리를 포함하고
있다. 반면 후자는 행동 태도를 선험적으로 규정하고 필연적이게
하는 원리를 포함하고 있다"(KrV, B 869).

16 (베를린 학술원판《칸트 전집》의 편집자주) 1787년에 출간되었다.

17 나는 여기서 실험적 방법의 역사가 이어져온 실타래를 정확히 추적
해보려고 하지 않는다. 사실 실험적 방법의 시초는 잘 알려져 있지
않다.

18 (옮긴이주) 칸트는 자연을 두 차원에서 바라본다. 기계론적으로 접
근이 가능한 합법칙적gesetzmäßig인 현상적 자연과 목적론적으로 접
근 가능한 합목적적zweckmäßig 자연을 구별한다. 그는 전자의 경우

를 모형적 자연, 후자의 경우를 원형적 자연이라고도 한다. 이 후자
의 자연은 그의 역사철학에 들어가면 자연의 의도Absicht der Natur나
자연의 계획Plan der Natur과 관련하여 나타난다. 그래서 이 자연은
목적의 왕국과 관련되어 있다. 칸트는 기계론과 유기체론의 이율
배반적 대립을《판단력 비판》의 '목적론적 이율배반론'에서 자세히
다루고 있다.

19 따라서 자연 탐구자를 따라 모방하는 이와 같은 방법은 실험을 통
해서 확증되거나 반박되는 데서 순수이성의 요소를 찾음으로써 성
립된다. 그런데 순수이성의 명제들을 검사하고자 하지만, 특히 그
명제들이 가능한 모든 경험의 한계를 넘어서게 되었을 때, (자연과
학에서처럼) 그 명제들이 관계하는 객체들에 관한 그 어떤 실험도
이루어질 수 없다. 따라서 우리는 단지 우리가 선험적으로 받아들
이는 개념과 원칙들만으로 다음과 같은 실험을 시도해보려고 한다.
즉 우리는 한편으로는 바로 이 동일한 대상들을 경험과 관련하여 감
관과 지성의 대상으로 고찰하지만, 다른 한편으로는 그것들을 언제
나 고립되어 모든 경험의 한계를 넘어서려는 이성과 관련하여 우리
가 오로지 사유하기만 하는 대상으로 고찰한다. 따라서 이들 대상
들은 두 가지 서로 다른 측면에서 고찰할 수 있다. 그런데 우리가 사
물을 이렇게 이중적인 관점에서 고찰하게 되면 이것과 순수이성의
원리가 일치함을 알 수 있게 되는 반면, 사물을 일원적인 관점에서
만 고찰하면 이성의 자기 자신과의 모순이 불가피하게 발생함을 알
수 있다. 그러므로 우리는 이러한 실험을 통해서 감관과 지성의 대
상으로 구별하는 것이 정당하다고 결정하게 된다.

20 (옮긴이주) 칸트는 현상과 관련하여 '경험적인 직관의 무규정적인
대상으로서의 현상Erscheinung'과 범주를 적용해 개념화된 현상, 즉
'Phänomena'를 구별한다. 전자는 물자체와, 후자는 가상체Noumena

와 짝을 이루는 개념이다. 그래서 페이튼은 "현상(무규정적인 대상)은 물자체가 단지 감각에 대해서만 나타난 것이며, 페노메나는 물자체가 감각과 사고에 나타난 것이다"라고 주장한다(H. J. Paton, *Kant's Metaphysics of Experience*, 1권(London : Hummanities Press, 1965), 96쪽).

21 순수이성의 이러한 실험은 화학자들의 실험과 매우 유사하다. 화학자는 이러한 실험을 자주 환원을 시도하는 것으로 부르지만, 일반적으로는 종합적 방법이라고 칭하는 것이다. 형이상학자들의 분석론은 선험적인 순수한 인식을 서로 아주 다른 두 요소로, 즉 현상으로서의 사물을 인식하는 것과 물자체를 인식하는 것으로 구별한다. 변증론은 이 두 요소를 필연적인 무제약자라는 이념과 함께 재차 하나의 통일된 상태로 결합시키려고 한다. 그리고 이 변증론은 이러한 통일성이 앞서 진행된 분석론의 저러한 구별을 통하지 않고는 결코 가능하지 않다는 것을 알고 있다. 따라서 이러한 구별은 수용해야 한다.

22 (옮긴이주) 칸트는 초월적인 이성 개념을 이념이라고 하며, 이것은 우리에게 주어져 있는 영역이 아니라 우리로 하여금 부단히 나아가도록 다그치는 부과된 영역이다. 그러나 그는 이 부과된 영역을 주어진 영역으로 환원하려고 하거나 그것 자체를 절대화하려는 모든 입장에 반대한다. 그는 존재와 당위를 구별하는 기본적 입장에서 이 둘 사이를 구별하고자 한다.

23 마찬가지로 천체 운동의 근본 법칙들은 코페르니쿠스가 처음에 하나의 가설로만 생각했을 뿐인 것에 확고한 확실성을 제공해주었다. 동시에 이 법칙들은 우주를 결합하는 보이지 않는 힘(즉 뉴턴의 인력)을 입증해주었다. 그러나 이 힘은 코페르니쿠스가, 감각에는 상치되는 방식이지만 참된 방식인, 이른바 천체의 관점에서가 아니라 관찰자의 관점에서 관찰되는 운동들을 관찰하는 방식으로 관찰을

감행하지 않았다면 영원히 발견되지 않은 상태로 남아 있었을 것이다. 나는 사유 방식의 변경을 이미 《비판》에서 상술한 코페르니쿠스의 가설에 유추하여 이 서문에서는 단지 하나의 가설로만 제시하려고 한다. 물론 이 가설은 《비판》 그 자체에서는 공간과 시간에 관한 우리의 표상들이 지니고 있는 성질에서 가설적인 것이 아니라 명증한 것으로 입증된다. 다만 내가 이것을 가설로 제기하고자 한 이유는 이렇게 사고 방식을 변경하는 최초의 시도가―물론 언제나 가설적이기는 하지만―지니고 있는 특징에 주목하게 하기 위해서이다.

24 하나의 대상을 인식하려면, 내가 그 대상의 가능성을 (경험에서 보증되는 것으로 그것의 현실성이나 아니면 이성에 의해서 선험적으로) 증명할 수 있어야 한다. 그러나 만약 내가 자기 모순에만 빠지지 않는다면, 즉 나의 개념이 단지 있을 수 있는 사유이기만 하다면, (물론 이 경우에 있을 수 있는 모든 것을 총괄할 때 나의 개념에 하나의 대상이 대응하는지의 여부에 답할 수 있는 것은 아니다.) 내가 원하는 대로 사유할 수 있다. 그러나 이러한 개념에 객관적인 타당성을 (이런 타당성은 실재적인 가능성을 말하는 것으로 전자의 단순히 논리적인 가능성과는 다르다.) 부여하려면 단순히 논리적인 것 이상의 어떤 것이 요구된다. 하지만 이와 같이 논리적인 것 이상의 어떤 것은 이론적 인식의 원천에서 구할 필요가 없다. 그것은 실천적 인식의 원천 중에 놓여 있다.

25 (옮긴이주) 칸트는 '초월적 감성론'에서 대상에서 잡다한 내용을 수용하는 인식 주관의 형식인 공간, 시간을 다루고 있다. 그에 따르면 공간은 외감 형식이며, 시간은 내감 형식이자 외감 형식이 된다.

26 (옮긴이주) 칸트는 《순수이성 비판》의 변증론에서 주체의 절대적 통일로서의 자아(영혼)와 객체의 절대적 통일로서의 세계, 주체와

객체의 절대적 통일로서의 신의 문제를 각각 '순수이성의 오류추리론', '순수이성의 이율배반론', '순수이성의 이상론'에서 다루고 있다. 이것은 각각 '이성적 심리학', '이성적 우주론', '이성적 신학'으로 앞에서 언급한 특수 형이상학에 해당한다.

27 내가 고유하게 첨가한 것이라고 말할 수 있는 것은 물론 이 첨가도 증명의 방식을 취한 것이기는 하지만, 심리학적 관념론에 대해서 새롭게 반박하고 외적 직관의 객관적 실재성에 관해 엄밀하게(또한 내가 유일하게 가능하리라고 생각했던 방식으로) 증명한 것이다. 관념론은 형이상학의 본질적인 목적과 관련해서 볼 때는 해가 되지 않는 것으로 여겨질 수 있다. (물론 실제는 그렇지 않다.) 그러나 우리 바깥의 사물들(여기에서 우리는 심지어 내감을 위한 인식의 전체 재료도 얻어 온다)의 현존이 단지 믿음에 기초해서만 수용되어야 한다는 것, 그리고 누군가가 그것이 현존함을 의심하게 되면 그 어떤 만족스러운 증명으로도 의심들을 막을 수 없다는 것, 이와 같은 것들은 철학과 일반적인 인간 이성에 언제나 추문으로 남게 된다. B 275의 셋째 줄에서 여섯째 줄까지의 증명과 관련하여 제시된 표현들이 다소 모호하기 때문에, 나는 이 절을 다음과 같이 바꾸고 싶다. "그러나 이 지속체는 내 안에 있는 직관이 될 수 없다. 왜냐하면 내 안에서 발견될 수 있는 나의 현존을 규정하는 모든 근거는 표상들이며, 그것들이 표상인 한 그것들과 구별되는 지속체가 필요하기 때문이다. 바로 이 지속체에 기초해서 표상이 교체되는 것을 규정할 수 있으며, 따라서 표상들이 교체되는 곳인 시간 속에서 나의 현존도 규정할 수 있다." 우리는 이러한 증명에 대해 추측하여 다음과 같이 말하게 될 것이다. 나는 내 속에 있는 것만을, 즉 외적 사물들에 대한 내 표상만을 직접적으로 의식하게 된다. 따라서 나의 표상에 대립하는 어떤 것이 나의 외부에 존재하는지 안 하는지는 여전히 불확실한 상태로 남는다.

단지 나는 시간 속에서의 나의 현존을 (따라서 시간 속에서의 나의 현존의 규정 가능성을) 내적 경험을 통해서 의식하게 된다. 그리고 이것은 나의 표상에 관해서 의식하게 되는 것 이상이다. 그러나 그것은 나의 현존을 경험적으로 의식하는 것과 동일하다. 그런데 이 경험적 의식은 나의 현존과 결합되어 있지만 나의 바깥에 존재하는 어떤 것과의 관계를 통해서만 규정될 수 있다. 시간 속에서의 나의 현존에 관한 이와 같은 의식은 나의 바깥에 있는 어떤 것과의 관계를 의식하는 것과 동일한 방식으로 결합된다. 따라서 나의 내감과 외부의 어떤 것을 분리할 수 없는 것으로 연결시키는 것은 경험이지 허구가 아니며, 감관이지 상상력이 아니다. 왜냐하면 외감은 이미 그 자체로 직관이 나의 바깥에 현실적으로 존재하는 어떤 것에 관계하는 것이기 때문이다. 그리고 상상력과 구별되는 외감의 실재성은 내적 경험의 가능성의 조건으로 바로 이 내적 경험과 밀접하게 결합되어 있음에만 의거하는데, 그와 같은 결합이 바로 여기서 성립되기 때문이다. 만약 내가 모든 나의 판단과 이해 행위들을 수반하게 되는 나는 존재한다는 표상 속에서 나의 현존에 관한 지성적 의식과 동시에 지성적 직관을 통하여 나의 현존을 규정하는 것을 결합시킬 수 있다면, 내 바깥에 있는 어떤 것에 대한 관계를 의식하는 것은 요구되지 않을 것이다. 그러나 저 지성적 의식이 정말로 선행하기는 하지만, 나의 현존이 규정될 수 있는 유일한 장소인 내적 직관은 감성적이며 시간이라는 조건과 밀접하게 결합되어 있다. 그러나 이러한 규정과 따라서 내적 경험 자체도 내 속에 존재하지 않는 지속적인 어떤 것에 의존한다. 그래서 결과적으로 그것은 내 바깥에 존재하는 어떤 것에서만 존재할 수 있다. 그와 같은 것은 내가 내 자신을 관계 속에 있는 것으로 고려할 수밖에 없던 것이다. 그래서 외감의 실재성은, 경험 일반이 전적으로 가능할 수 있으려면, 내감과 필연적으로 결합되어 있어야 한다. 즉 나의 감각에 관련되어 있는 것으로 나의 외부에 사물들이 존재한다는 것을 확실히 의식하게 되는데, 그와 같은 것은 내가 내 자신을 시간 속에 규정된 것으로 존재한다는 것을 의식하는 것과 동일한 것이다. 내 외부에 있는 객체들이 주어진 직관들 중 어느 직관에 현실적으로 대응하는지, 따라서 그런 객체들이 외감에 속하는지 결정하기 위해서는, 즉 객체들이 외감에 속해 있지 상상력에 속해 있지 않다는 것을 결정하기 위해서는, 각각의 개별적 경우 모두에서 경험 일반을, 심지어 내적 경험조차도 상상력과 구별해주는 기준이 되는 규칙들에 호소하지 않으면 안 된다. 여기에는 외적 경험과 같은 것이 존재한다는 명제가 항상 전제되고 있다. 게다가 우리는 여기에 다음과 같은 표현을 덧붙일 수 있다. 현존하는 지속적인 어떤 것에 관한 표상은 지속적인 표상과 동일한 것이 아니다. 왜냐하면 지속적인 어떤 것에 관한 표상은 우리의 모든 표상과 질료에 대한 표상들처럼 매우 변화가 많고 교체되는 것이지만 그것은 여전히 지속적인 어떤 것을 언급하고 있기 때문이다. 그러므로 이런 지속체는 나의 모든 표상들과 구별되는 외적인 어떤 것임이 틀림없고, 그것의 현존은 나 자신의 현존을 규정하는 것에 필연적으로 함께 포함되어 이러한 규정과 함께 단지 유일한 경험을 형성할 뿐이다. 이러한 경험은 그것이 동시에 (부분적으로) 외적인 것이 아니라면, 그것은 내적으로도 결코 성립되지 않을 것이다. 어째서 그러냐 하는 것은 여기서 더 이상 설명할 수가 없다. 그것은 우리가 시간 속에서 항존하는 것을 도대체 어떻게 생각해야 하는가를 설명하지 못하는 것과 마찬가지다. 물론 바로 이 항존하는 것과 교체되는 것이 동시에 존재함이 변화라는 개념을 낳게 된다.

28 (옮긴이주) 볼프에 따르면 18세기(1781년 이전)에는 '초월적'이라는

개념이, 한편으로 예전의 존재론적 주제 영역에 사용되었고 다른 한편으로는 새로운 진보적인 학적 이론에 사용되었다. 전자의 경우 '초월적'이라는 개념은 'metaphysicus'와 동일한 의미로, 후자의 경우는 'generalis'와 동일한 의미로 사용되었다. 그러나 볼프는 일자, 진리, 선 내지는 완전성 같은 것들을 통일된 것으로 다루는 전자의 의미에서가 아니라 후자의 의미에서 '초월적'이라는 용어를 사용하고자 했다. 그래서 그에게는 초월적인 것에 관한 학설이 현존하는 세계의 개별적 존재들에 관계하는 경험과학이 아니라 이것들을 가능하게 하는 '초월적 우주론transzendentale Kosmologie'이 된다. 바로 이러한 입장이 칸트의 초월철학에 수용되었다. 칸트는 '초월적'이라는 용어가 자신의 후기 철학에 매우 중심적인 전문 용어가 될 것임을 일찍이 알고 있었다. 그러나 그는 볼프의 입장을 수용하기 전 초기 철학에서는 이 용어를 거의 사용하지 않았다. 그는 1756년에서 1770년 사이에서 단 두 번 이 용어를 사용했을 뿐이다. 한 번은 고유한 학문을 그려내면서, 다른 한 번은 단순히 관형어로 사용했을 뿐이다. 그는 자신의 〈물리적 모나드론Monadologia physica〉에서 '초월철학philosophia transcendentalis'과 '형이상학metaphysica'을 같은 의미로 사용했다. 그리고 그는 이 '초월적'이라는 용어를 1770년 자신의 교수 취임 논문에서 응답자 헤르츠M. Herz와 관련하여 '형이상학적metaphysisch'이라는 표현으로 대치했다. 그러나 볼프의 영향을 받은 칸트는 '초월적'이라는 용어를 점차 '일반적'이라는 의미로 사용하기 시작했다. 그래서 칸트의 '초월철학'이라는 용어는 선험적 인식 자체나 선험적인 모든 인식을 총괄하는 개념을 의미하거나, 선험적 인식에 관한 반성을 의미한다. 또한 그것은 선험적 인식의 가능성에 관한 문제와 관련하여 사용되었다. 즉 칸트의 초월철학은 선험적인 종합적 인식의 가능성에 관한 학문이다. 중세 철학에서는 '초월적'이라는 것이 존재들의 초범주적인 속성, 즉 일성, 진성, 선성, 미성을 가리켰지만, 칸트는 이 용어를 대상 자체가 아니라 우리가 대상을 인식할 수 있는 방식, 즉 가능한 경험의 조건들에 관한 인식의 형식과 연관시켰다. 따라서 '초월적'이라는 것은 대상들에 관련되기보다는 선험적 차원에서 대상들에 관계하는 우리의 인식 방식에 관련되어 있다(KrV, A 12). 선험적인 인식을 구성하는 개념의 체계는 초월철학으로 기술될 수 있다. 바로 그렇기 때문에 《순수이성 비판》은 초월철학을 위한 예비학, 규준, 건축술 등으로 기술될 수 있다. '초월적'이라는 용어는 논리학, 감성론, 지각의 통일, 능력들, 가상과 같은 것들의 자격을 규정하기 위해서 곳곳에서 사용되고 있다. '초월적'이라는 용어의 정확한 의미는 《순수이성 비판》을 통하여 계속 변천한다. 그러나 그 용어가 지니고 있는 의미의 변수들은 칸트가 그 용어를 그 용어의 반대 짝과 구별하는 방식을 보여줌으로써 제시할 수 있다. '초월적인 것'은 '경험적인 것'과 구별되며 '초월적'이라는 용어가 인식의 방식을 언급하는 한에서 선험적인 것과 함께한다. 그것은 인식의 선험적 가능성에 관계하는 인식을 의미하며, 선험적으로 종사함을 의미한다(KrV, A 56/B 86). 따라서 초월적인 것과 경험적인 것을 구별하는 것은 인식과 그것의 선험적 원천에 대한 메타 비판을 포함한다. 칸트는 인식을 심리적으로 설명하는 것을 경험적 인식의 부분으로 여기며, 따라서 그것을 초월적 인식과 구별한다(KrV, A 801/ B 829). 또한 초월적인 것은 형이상학적인 것이나 논리적인 것과는 구별된다. 예를 들어 공간을 형이상학적으로 설명하는 것은 선험적으로 주어진 개념에 속하는 것을 표상하는 것이다. 반면 공간을 초월적으로 설명하는 것은, 다른 선험적인 종합적 인식의 가능성을 이해할 수 있는 바탕이 되는 원리로 공간이라는 개념을 제시하는 것이다(J.

Ritter · K. Gründer(hrsg.), *Historisches Wörterbuch der Philosophie*, 1375~1386쪽).

29 단지 이러한 문제 제기가 고대인들 중 한 사람에게라도 있었다면, 이것만으로도 오늘의 시대에 이르기까지 순수이성의 모든 체계에 강하게 대항할 수 있었을 것이다. 그리고 그와 같은 문제 제기는 우리로 하여금 그와 같은 수많은 헛된 시도들, 이른바 행해지도록 요구되는 것이 무엇인지 알지도 못하고 맹목적으로 착수했던 헛된 시도들의 수고를 덜어주었을 것이다.

30 많은 사람들이 순수 자연과학과 관련하여 그것의 현실성을 의심할 수 있을 것이다. 그러나 우리가 고유한(경험적인) 물리학의 시초에 나타나는 서로 다른 여러 명제들, 가령 같은 양의 물질의 지속성, 관성, 작용과 반작용의 동등성 등에 관한 명제들을 조사해보기만 해도, 우리는 이런 명제들이 순수한(또는 이성적인) 자연학을 형성하게 될 것임을 확신한다. 물론 이때의 자연학은 그 범위가 협소하든 광범위하든 전체가 하나의 고유한 학문으로 자리잡는 데 이바지하게 될 학문이다.

31 "마구사였던 부친 요한 게오르크 칸트는, 이마누엘이 자란 가정적 분위기에 정직하고 성실한 수공인의 정신과 자의식이 있는 시민 정신을 심어주었다. 뉴르베르크 태생의 로이터 가 출신의 모친 안나 레기나는 선명한 인격의 소유자였던 것으로 보인다"(F. 카울바하, 《칸트—비판철학의 형성과정과 체계》(서광사, 1992), 17쪽). 좀더 자세한 내용은 K. 포르랜더의 《칸트의 생애와 사상》(서광사, 2001), 17~34쪽을 참조하라. 칸트 가정의 이와 같은 분위기는 그가 매우 도덕적이고 헌신적으로 살도록 만들었다. 그는 가난한 사람들을 돕기도 했다. 그러나 일상적으로 이루어진 형식적인 종교적 예식에는 가능하면 참여하지 않으려고 했다. 그는 휘겔Baron von Hügel의 신비

주의도 거부했다. 비록 반드시 참석해야 하는 종교 행사에는 참여했지만, 일상에서 신앙 생활을 구체적으로 하지는 않았다. 그는 심지어 도덕적 선이 진척되면 기도를 하지 않아도 된다고까지 생각했다. 이처럼 그는 도덕을 바탕으로 하지 않는 종교는 부정적으로 바라보았다. 물론 그렇다고 그가 반종교적이거나 신을 믿지 않은 것은 아니었다.

32 칸트는 1747년부터 1754년까지 가정교사 생활을 했다. 여기에 대한 자세한 내용은 K. 포르랜더의 《칸트의 생애와 사상》, 54~63쪽을 참조하라.

33 원제목은 Meditationum quarundum de igne succincta delienatio.

34 원제목은 Principiorum primorum cognitionis metaphysicae nova dilucidatio.

35 칸트는 1764년 쾨니히스베르크 대학의 시학 교수직을 제안받았으나 거절했으며, 1769년 예나 대학의 교수직 제안도 마다했다.

36 1755년에서 1770년 직전까지 무려 15년에서 16년여 동안 강사 생활을 했다.

37 칸트는 정치적으로 공화주의를 취하면서 가부장적 정치 체제 일반에 대해서 비판적이었다. 그는 세계 시민 사상에 입각하여 영구 평화를 추구했다.

38 칸트는 여러 자체 소속 학부의 학장을 지냈으며, 프리드리히 대왕과 프리드리히 빌헬름 2세의 집권 시절 대학 총장을 두 번이나 역임했다(K. 포르랜더, 《칸트의 생애와 사상》, 177~182쪽 ; F. 카울바하, 《칸트—비판철학의 형성과정과 체계》, 20쪽).

39 칸트의 사교계 활동에 대해서는 K. 포르랜더의 《칸트의 생애와 사상》, 90~100쪽, 149~152쪽을 참조하라.

40 칸트는 교수가 된 1770년부터 1781년 《순수이성 비판》이 나오기

까지 11년 동안 자신의 철학 체계를 구상하고 있었다. 이 책이 나오고 난 후 그는《학문으로 등장할 수 있는 미래의 모든 형이상학에 대한 서설*Prolegomenna zu einer jeden künftigen Metaphysik, die als Wissenschaft wird auftreten können*》(1783),《도덕형이상학 원론*Grundlegung zur Metaphysik der Sitten*》(1785),《자연과학의 형이상학적 제1원리 *Metaphysische Anfangsgründe der Naturwissenschaft*》(1786),《순수이성 비판》재판(1787),《실천이성 비판*Kritik der praktischen Vernunft*》(1788), 《판단력 비판*Kritik der Urteilskraft*》(1790),《이성의 한계 내에서의 종교*Die Religion innerhalb der Grenzen der blossen Vernunft*》(1793),《영구평화론*Zum ewigen Frieden : Ein philosophischer Entwurf*》(1795),《도덕형이상학*Metaphysik der Sitten*》(1797) 등을 출간했다. 그리고 칸트가 만년에 자신의 철학을 체계적으로 다시 집필하면서 기존의 자신의 작업에 대한 주석으로 사용하고자 했던 것들이 그가 죽고 난 후《유작 *Opus postumum*》(1936~1938)으로 출간되었다.

41 그는 대개 새벽 다섯 시 직전에 일어나 대여섯 시까지 차를 마시고 파이프 담배를 피우며 하루 일과를 생각했다. 여섯 시에서 일곱 시까지 강의를 준비하고 열 시까지 강의를 했다. 그리고 연구를 한 뒤 점심 식사를 한 후에는 한 시간 정도 산책을 하고 계속 책을 읽다 열 시경에 잠자리에 들었다. 여기에 대한 자세한 내용은 K. 포르랜더의《칸트의 생애와 사상》, 69, 133쪽 참조.

42 칸트의 논문 〈인간을 지배하기 위한 선한 원리와 악의 원리의 싸움에 관하여〉라는 논문은 검열 당국에 의해 인쇄되지 못했으며, 그 네 편의 논문을 묶어 낸《순수이성의 한계 내에서의 종교》(1793) 때문에 1794년 10월 12일 뵈너Wönner가 서명한 각령에 의하여 견책을 받았다. 칸트는 이 사건과 관련하여 다음과 같이 적고 있다. "자기 내심의 확신을 철회하거나 부인하는 짓은 비루하다. 그러나 어떤

경우, 가령 이번처럼, 침묵하는 것이 신민의 의무이다. 우리가 말하는 모든 것은 진실이어야만 하지만, 그렇다고 해서 모든 진실을 공공연하게 이야기하는 것이 의무는 아니다"(F. 카울바하, 《칸트─비판철학의 형성과정과 체계》, 21쪽). 이 부분에 대한 좀더 자세한 내용은 K. 포르랜더의 《칸트의 생애와 사상》, 235~254쪽 참조.

43 그는 임종의 순간에도 일어나 방문한 의사를 맞이했으며, 이러한 칸트의 행동에 의사가 당황하자 칸트를 돌보던 바지안스키는 의사에게 "당신이 앉으면 칸트도 뒤따라 앉을 겁니다"라고 했다. 그리고 이내 칸트는 "인간다움을 위한 감정은 아직 나를 떠나지 않았습니다"라고 말했다(F. 카울바하, 《칸트─비판철학의 형성과정과 체계》, 21~22쪽).

44 헤르더J. G. von Herder는 칸트에 대해서 "어떤 간계, 어떤 종파, 어떤 선입견, 어떤 이름이나 명예욕도 그가 진리를 밝히고 넓혀가는 것을 방해하는 유혹이 되지 못했다"라고 적고 있다(F. 카울바하, 《칸트─비판철학의 형성과정과 체계》, 27쪽).

45 칸트는 수업 시간에 학생들에게 '스스로 생각하자', '스스로 탐구하자', '제 발로 서자'라는 표현을 반복해서 사용했다(F. 카울바하, 《칸트─비판철학의 형성과정과 체계》, 26쪽).

46 프리드리히 빌헬름 2세는 자신이 통치하던 시기(1786~1796)에 뵈너와 함께 억압적인 문화 정책을 추구했다. 칸트는 이런 정책에 반대하여 프랑스 혁명을 긍정적으로 해석했다. 물론 그 전에 칸트는 《인류보편사의 이념》이라는 글에서 내적, 외적 법치국가의 설립이 역사적 요청임을 주장했다. 그는 프랑스 혁명에서 법치국가의 이념이 현실화되는 것을 보았으며, 또한 1789년 이후 독일 초기 자유주의로 특징지어지는 정치적 흐름의 전형적인 옹호자였다. 그러나 그는 혁명에 대해서는 과격한 입장을 수용하지 않았으며, 따라서 자

신의 자유주의와 가부장제 사이에서 갈등을 느꼈다(*Kant's gesam-melte Schriften*(베를린 학술원판), 제19권, Refl., 8008 참조). 여기서 칸트는 혁명보다는 점진적 개혁을 중시했다(I. Kant, *Kritik der Urteilskraft*(바이셰델판), 제8권, 551~552쪽).

47 I. Kant, *Beantwortung der Frage : Was ist Aufklärung, Kant Werke*(바이셰델판), 제9권, 60쪽(앞으로 WiA로 표기한다).

48 I. Kant, WiA, 53쪽.

49 독일의 계몽은 프랑스와는 달리 루터교가 영향을 미쳤다. 즉 독일의 계몽은 다른 지역의 계몽이 지성적이고 정치적인데 반해 경건주의와 관련하여 진행되었다. 사실 독일에는 두 부류의 계몽 운동이 있었다. 하나는 라이프니츠-볼프 철학자들이 주도한 지적 운동이며, 다른 하나는 토마시우스C. Thomasius(1655~1728)가 이끈 경건주의 운동이었다. 이 두 운동 모두 할레 대학이라는 같은 장소에 근거를 두고 있었다. 이 운동은 학문적 자유를 외쳤으며, 종교적 관용과 법적 관행을 개혁할 것을 주장했다. 그러나 이 운동은 충분히 실현되지 못했다. 그래서 칸트는 당시의 시대를 "계몽된 시대"가 아니라 "계몽의 시대"라고 규정했다.

50 I. Kant, *Die Relligion innerhalb der Grenzen der blo en Vernunft*(바이셰델판), 제7권, 879쪽.

51 I. Kant, *Mutmaßlicher Anfang des Menschengeschichte*(바이셰델판), 제9권, 93, 102쪽 ; I. Kant, *Anthropologie in der pragmatischer Hinsicht*(바이셰델판), 제10권, 684, 689~690쪽.

52 "너희들이 하고자 하는 일에 관해서 너희들이 원하는 만큼 따져보라. 그러나 복종하라"(I. Kant, WiA, 55쪽).

53 R. Spaemann, "Kants Kritik des Widerstandsrechts", in Z. Batscha (hrsg.), *Materialen zu Kants Rechtsphilosophie*(Frankfurt a. M. :

Suhrkamp, 1976), 352쪽.

54 "18세기 말 독일의 상태는 칸트의 《실천이성 비판》에 완전히 반영
되어 있다……무력한 독일시민은 선의지 이상을 넘지 못했다. 칸트
역시……선의지만으로 만족했다. 칸트의 선의지는 독일 시민의 무
기력함과 침울함과 초라함에 완전히 일치했다……현실적 계급 이
익에 바탕을 둔 프랑스 자유주의가 독일에서 취하게 된 형태를 우
리는 칸트에게서 발견한다. 칸트는 부르주아의 이러한 이론적 이념
들이 물질적 이익에 기초를 두고 있고 그들의 의지가 물질적 생산
관계에 의해서 조건지어지고 결정된다는 사실을 알지 못했다. 따라
서 칸트는 이러한 이론적 표현을 그것이 표현하는 이익에서 분리시
켰다. 그는 물질적으로 동기화된 프랑스 부르주아의 의지의 결정들
을……'자유의지'의 '순수한' 자기 결정으로 바꾸어놓았다……7월
혁명은 발전된 부르주아에 일치하는 정치형태를 외부로부터 독일
에 부과했다. 그러나 독일 경제가 이러한 정치 형태에 일치하는 발
전 수준에 전혀 이르지 못했기 때문에, 시민은 이를 단순한 추상적
인 관념, 그 자체로 타당한 원칙……칸트적인 의지와 당위적인 인
간의 자기 결정으로 받아들였다"(K. Marx · F. Engels, *Die Deutsche
Ideologie*(1845/46), Marx Engels Werke 3권, 제3부 제6장 A).

55 케플러J. Kepler는 브라헤Tycho Brahe가 행한 체계적 관측 결과와, 코
페르니쿠스 이후 발전된 수학적 계산을 바탕으로 모든 천체의 운동
을 수학적 법칙에 의해서 정립하고자 했다. 그는 태양을 초점으로
하는 타원형의 궤도를 따라 행성들이 태양의 주위를 회전한다는 제
1법칙과 각 행성이 태양에 가까워질수록 더 빠른 속도로 회전한다
는 제2법칙을 발견했고, 나중에 제3법칙까지도 제시했다.

56 갈릴레이는 1609년 망원경을 발명하여 코페르니쿠스의 지동설을
입증했다.

57 뉴턴이 하나의 과학적 법칙을 발견했다는 것보다는 당시 과학하는 태도에 새로운 토대를 놓았다는 점이 더 중요하다. 그는 데카르트의 합리주의적인 연역적 방법과 자신의 실험적 방법을 종합하고자 했고, 이것이 칸트에게도 많은 영향을 미쳤다.

58 원제목은 *Gedanken von der wahren Schätzung der lebendige Kräfte und Beurtheilung der Beweise, derer sich Herr von Leibniz und andere Mechaniker in diser Streitsache bedient haben, nebst einigen vorhergehenden Betrachtungen, welche die Kraft der Körper überhaupt betreffen.* 이것은 스물셋의 나이에 작업한 것으로, 1746년 도런Martin Ebehard Dorn이 쾨니히스베르크에서 출간했다. 이 책의 서문에는 나중에 '너 자신의 지성을 스스로 사용할 용기를 가져라'라는 계몽의 모토가 담겨 있다. 또한《순수이성 비판》의 정신이 이미 자라나고 있었다. 그는 지금까지의 모든 사상을 비판의 대상으로 삼았고, 심판관으로서의 이성의 역할을 주장하고 있다(*Kant's gesammelte Schriften*(베를린 학술원판), 제1권, 7~10쪽 참조).

59 이 글은 지구의 자전 운동과 노화의 문제에 대한 기존의 관심을 심화시킨 것이다. 여기서 그가 주장한 성운설星雲說은 라플라스의 가설로 발전되었다. 이 글의 원제목은 다음과 같다. *Allgemeine Natur-geschichte und Theorie des Himmels, oder Versuch von der Verfassung und dem mechanischen Ursprunge des ganzen Weltgebäudes nach Newtonischen Grundsätzen abgehandelt.*

60 원제목은 *Metaphysicae cum geometrica iunctae usus in philosophia naturali, cuius specimen I, continet monadologiam physicam.*

61 원제목은 *Neue Anmerkungen zur Erläuterung der Theorie der Winde, wodurch er zugleich zu seinen Vorlesungen einladet.*

62 볼프는 1679년 브레슬라우에서 태어났으며, 할레 대학 교수로 있

으면서 종교적 자유를 위한 모델을 수학에서 찾고자 했고, 평생 이 성적 사유를 중시하는 입장을 취했다. 그는 철학을 "어떤 것들이 가 능한 한 그 가능한 것들에 관한 학scientia possibilium, quantenus esse possunt"으로 규정하고, 이러한 철학은 모든 개별 학문의 가능 근거 를 묻는 것으로 기초학이나 원리학의 특징을 지닌다고 주장했다. "철학은 상위 학부들의 시녀이니, 그것은 이 시녀가 주인 마님 앞에 서 등불을 밝혀주지 않으면 그 마님이 어둠 속에서 헤매야만 하고 자주 넘어지고 만다는 의미에서이다." 칸트는 볼프의 이런 입장을 수용하여 "철학은 모든 선험적 인식의 가능성, 원리와 범위를 규정 하는 학"으로 여겼다.

63 1720년부터 볼프가 죽은 1754년까지는 독일의 지적 운동에서 라 이프니츠-볼프 철학이 압도적인 시기였다.

64 이 부분에 관해서는《형이상학적 인식의 제1원리에 관한 새로운 해 명》(1755)에서 자세히 언급되고 있다. 칸트는 당시 형이상학과 관 련하여 그것이 수학적 방법이 아니라 뉴턴의 방법을 따라야 함을 주장하고 있다. 그가 이렇게 주장하는 이유는 수학적 방법에 입각 하고 있는 볼프의 형이상학은 독단성을 지니고 있는 것이므로 그것 을 벗어나기 위해서는 자연과학적 방법이 요구된다고 여겨졌기 때 문이다.

65 원제목은 *Die falsche Spitzfindigkeit der vier syllogistischen Figuren erweisen von M. Immanuel Kant.*

66 원제목은 *Die einzige mögliche Beweisgrund zu einer Demonstration des Daseins Gottes.* 여기서 칸트는 신의 존재를 믿는 것에 대해 서는 긍정하지만, 그것을 증명하려는 것은 부정했다. 그는 존재를 속성으로 파악하여 신을 증명하려는 모든 시도에는 비약이 있음을 지적하고, 이런 기초 위에서 존재론적 증명, 우주론적 증명, 자연신

학적 증명을 모두 비판했다. 결국 그는 형이상학을 "끝없는 심연", "해안선도 등대도 없는 암흑의 바다"로 비유했다.

67 원제목은 *Untersuchungen über die Deutlichkeit der Grundsätze der natürlichen Theologie und der Moral. Zur Beantwortung der Frage, welche die Königl Akad. d. Wiss. zu Berlin auf das Jahr 1763 aufgegeben hat*. 여기서는 수학과 형이상학의 근본 차이를 밝히면서, 형이상학 역시 다른 자연과학처럼 확실한 학문이 될 수 있는 길에 대해서 고민하고 있다. 그래서 그는 "형이상학의 참된 방법은 뉴턴이 자연과학에 도입하여 그렇게 풍요로운 결실을 맺었던 방법과 같은 것이다"라고 주장했다. 그는 이와 같은 입장에서 바움가르텐A. G. Baumgarten의 형이상학을 부정하고 자연신학에도 물리학처럼 확실성의 근거를 마련하고자 했다. 반면 도덕원칙은 이렇게 확실한 근거를 지니기 어렵다. 하지만 그는 목적을 성취하기 위해 수단을 고려하는 '가언적 필연'과 목적 그 자체만을 고려하는 '합법적 필연'을 구별하고, 최종적으로는 '너에게 가능한 가장 완전한 것을 하라'라는 도덕적 의무의 제1형식에 이르렀다.

68 원제목은 *Versuch, den Begriff der negativen Grössen in die Weltweisheit einzuführen*.

69 원제목은 *Träume eines Geistersehers, erläutert durch Träume der Metaphysik*. 여기서도 칸트는 형이상학의 독단성을 비판하고 있다. 그는 스베덴보리E. Swedenborg의 영에 관한 환상적 경험과 관련하여, 이런 경험이 가능하다는 것을 부정하지는 않지만, 이 경험이 이성의 이론적 인식으로 체계화될 수 있다는 점에 대해서는 비판적이었다. 이미 여기에서 칸트는 형이상학이 학으로서의 자격을 지니려면 인간 이성이 감당할 수 있는 범위 내에 한정되어야 함을 강조하고 있다.

70 원제목은 *Enquiry Concerning Human Understanding*.

71 이처럼 칸트는 이미 비판 이전기에 비판기의 철학적 정신이 자라나고 있었다. 그러나 그렇다고 해서 비판 이전기의 철학이 비판기의 철학과 같다고는 할 수 없다. 그는 비판 이전기에는 공간을 절대적 공간으로 파악했다. 그는 풀러Leonard Fuller(1708~1783)의 생각을 발전시켜 "절대적 공간은 모든 물질의 존재와 독립하여 자신의 실재를 소유하고 있다"라고 주장했다.

72 원제목은 *De mundi sensibilis atque intelligibilis forma et principiis*. 여기서 칸트는 라이프니츠의 입장을 수용하고 있다. 그는 라이프니츠와 클라크S. Clarke가 주고받은 서신과 관련하여 거기에서 라이프니츠가 공간과 시간은 절대적 실재나 물자체일 수 없다고 주장한 것을 수용한다. 그러나 칸트는 공간과 시간을 상대적 개념으로 보는 라이프니츠의 입장을 거부하고 순수 직관으로 보았다. 그래서 그는 라이프니츠와는 달리 기하학을 보편성과 필연성을 지닌 것으로 파악하고자 했다. 나아가 칸트는 이 글에서 감성적 인식과 지성적 인식을 구별하고, 인간의 직관이 신의 직관이 될 수 없다는 의미에서 "예지적 대상들에 관한 직관은 인간에게 주어진 것이 아니라 다만 상징적 인식에 불과하다"라고 주장했다. 또한 그는 이렇게 인식 능력을 구별하는 것에 따라 세계도 감성계와 예지계로 구별하고 후자에 대해서는 '상징적' 인식만이 가능하다고 보았다.

73 칸트의 이 점은 람베르트J. H. Lambert와 대립되는 점이기도 하다. 람베르트는 물자체에 관한 지성적 표상을 가진다는 칸트의 입장을 반박했다. 이 당시 람베르트에 따르면 존재론과 현상론 사이에는 절대적인 간격이 존재한다.

74 1770년 9월 초 람베르트에게 보내는 편지에서 칸트는 순수한 도덕 원칙을 탐구하고, 아울러 감각적 인식의 원천을 형이상학에 적용하

는 것을 차단하고자 했다.

75 이것은 1771년 6월 칸트가 자신의 제자인 헤르츠에게 보낸 편지에
잘 나타나 있다. 그는 여기에서 대상에서 주어진 내용에 관계하는
감성적 표상과 지성의 사유를 통하여 그려진 대상에 관계하는 지성
적 표상의 경우를 구별하고자 했다. 후자의 표상이 내용을 지니는
것은 신만이 가능하다고 보는 것이 칸트의 입장이다. 그러므로 인
간 지성의 순수 개념들은 "인간의 영혼의 성질에 기원하는 것으로
대상에 의해 야기되지도 않으며 대상을 존재하게 하는 것도 아니
다." 칸트는 지성의 활동을 감각 직관의 자료를 종합하는 것으로 보
며, 이 종합 작용이 어떻게 대상에 적합하게 되는지를 탐구하고자
했다.

76 여기서 '이성론'이라고 표현한 것은 기존의 '합리론'을 의미한다. 그
러나 합리론이라는 번역은 적절하지 않은 것 같다. 왜냐하면 경험
론에 대비되는 것을 '합리론'으로 번역하면 경험론은 비합리론적이
라는 인상을 줄 수 있다. 그러나 경험론 역시 경험의 입장에 토대를
둔 합리성을 도모하고 있는 입장이다. 그러므로 이성의 사유를 중
시하는 입장이라는 관점에서 '합리론'을 '이성론'으로 번역함이 옳
을 것 같다.

77 그래서 칸트는 신과 세계와 관련하여 다음과 같이 주장하고 있다.
"그것들은 나의 관념들 외부에 존재하는 실체들이 아니다. 그것들
은 우리가 선험적 종합 인식을 통하여 스스로 대상들을 만들어낼
때 의거하는 사유물이다. 주관적으로 보면 그것들은 우리가 사유하
는 대상들의 자기 창조자들이다"(*Kant's gesammelte Schriften*(베를
린 학술원판), XXI권, 21쪽). 이와 같은 표현은 XXI권 32~33쪽에도
나타난다. 그러나 다른 한편 비판기 철학에서처럼 여전히 물자체는
사유할 수 있을 뿐 인식되지 않는다는 의미에서, 또 신과 같은 절대

자는 주관을 넘어선 존재라는 의미에서 주장되기도 한다(XXI권 15
쪽, XXII권 23쪽).

78 KrV, A VIII. 이외에 KrV, A IX도 참조하라.

79 KrV, B XV.

80 KrV, B XXXV. 칸트의 이와 같은 태도는 흄의 주장에 영향을 받고
    있다. 흄은 당시 양과 수에 관한 추상적인 추리를 포함하지 않거나
    사실과 존재에 관한 경험적 추리가 실려 있지 않은 형이상학적 내
    용의 책은 모두 불 속에 던져버리라고 주장했다(D. Hume, *An En-
    quiry Concerning Human Understanding*(Oxford Univ. Press, 1955),
    165쪽).

81 KrV, A XII. "따라서 칸트의 이성 비판은 '이성에 의한, 이성을 위한
    이성의 비판'이었다"(강영안, 〈초월철학과 형이상학〉, 한국칸트학
    회 편, 칸트연구 1집, 《칸트와 형이상학》(1995), 39쪽 ; 문성학, 《칸
    트 철학과 물자체》(서광사, 1995), 155쪽 참조).

82 이 책의 주 28 참조.

83 실제로 칸트는 《자연형이상학의 제1원리》에서 형이상학을 순수이
    성 능력으로 이른 철학적 지식 전체에 관한 체계적 표현으로 주장
    하기도 한다. 이 경우 형이상학은 기존의 형이상학이 주장한 지식
    까지도 포함하게 된다. 그러나 이 경우 칸트 자신이 주장하는 비판
    철학과 대립된다.

84 KrV, B 869.

85 KrV, A VII.

86 "그러므로 칸트가 이성 비판을 통해 엄밀한 학으로서의 형이상학
    이 가능하지 않음을 드러냈다면—이 공적을 우리는 인정하고 그의
    말을 귀담아들어야 한다—그때 무너진 형이상학은 진리의 학문이
    고자 했던 종래의 형이상학일 것이다. 그리고 종래 형이상학의 부

질없음은 초감성적 언어로 쓰여야 할 형이상학이 당초에 감성적 언어로 읽히기를 기도한 탓이 아니겠는가? 이제 초감성적 체계의 학으로서의 '진정한' 형이상학은 그 체계가 자연 세계와 부합하는가의 여부에서 그 학문성이 평가되어서는 안 되고, 인간의 완성을 향해 있는 이성의 궁극적 관심에 비추어 평가되어야 하지 않을까? 그렇다면 진정한 형이상학은 더 이상 존재론의 확장이 아니라, 이념론 혹은 이상론일 것이다"(백종현, 〈칸트 : 현상의 존재론(1)〉, 한국칸트학회 편,《칸트와 형이상학》(1995), 134쪽).

87 "칸트는 그의 비판철학에서, 만약 형이상학이 실천적 형이상학이 되지 않으면 선험적 착각에 빠지고, 따라서 학문적 체계로서 불가능함을 보여주려고 했는데, 그것은 그가 이성의 본성이 실천적이라고 믿었기 때문이다"(손봉호, 〈칸트의 학문으로서의 형이상학〉, 한국칸트학회 편, 칸트연구 1집,《칸트와 형이상학》(1995), 31쪽).

88 칸트는 또한 형이상학을 '자연형이상학'과 '도덕형이상학'으로 구별하기도 한다. 그는 사실 영역과 관계하는 학문 일반의 가능 근거를 다루는 순수 사변이성의 체계를 '자연형이상학'이라고 규정하고, 당위 영역과 관계하는 학문 일반의 가능 근거를 다루는 순수 실천이성의 체계를 '도덕형이상학'이라고 규정한다. 그에게서 전자는 후자로 나아가는 예비 작업에 해당된다(I. Kant, *Grundlegung zur Metaphysik der Sitten*(바이셰델판), 12쪽). "형이상학은 순수이성의 사변적 사용의 형이상학과 실천적 사용의 형이상학으로, 즉 자연형이상학과 도덕형이상학으로 나뉜다. 전자는 만물의 이론적 인식에 관한 이성의 모든 순수한 원리나 단순한 개념에 기초하는 (따라서 수학을 제외한) 이의 모든 순수 원리를 포함한다. 후자는 행동하는 태도를 선험적으로 규정하고 필연적이게 만드는 원리를 포함한다"(KrV, B 869).

89 이런 의미에서 스트라우드와 프리차드는 칸트를 각기 실증주의
자, 현상주의자로 규정한다(B. Stroud, 'Transcendental Arguments',
T. Penelum · J. J. MacIntosh(ed.), *The First Critique*(California :
Wadsworth, 1969), 54~69쪽 ; H. A. Prichard, *Kant's Theory of
Knowledge*(New York : Garland, 1969), 232~234쪽).

90 KrV, B XVI.

91 그래서 바이힝거는 칸트의 초월적 인식과 관련하여 '선험의 이론'
이라고 주장했다(H. Vaihinger, *Kommentar zur Kritik der reinen
Vernunft*, 2Bd(Stuttgart, 1922).

92 KrV, B XVII.

93 KrV, B 502, B 655.

94 KrV, A 5.

95 KrV, B 35, A 19.

96 그러나 질료가 꼭 이런 의미로만 사용되지는 않고, '감각 인식의 질
료'라는 의미로도 사용된다. 사실 칸트는 이 질료는 주관적인 현상
의 내용으로 말하기도 하고, 객관적인 대상 자체의 내용이라고도
하는데, 후자의 견해를 더 많이 주장한다. 이렇게 될 경우 범주화되
지 않는 현상Erscheinung의 내용만을 감각에 '대응하는 것'으로 볼
수도 있다.

97 KrV, B 34, A 20.

98 칸트에게서 대상Gegenstand이라는 것은 물자체에 해당한다. 그러나
그가 이 용어를 꼭 이런 의미로만 사용한 것은 아니다. 그것은 때로
는 범주화되지 않은 것으로서의 현상Erscheinung을 의미할 때도 있
고, 범주화된 현상Phänomena을 의미할 때도 있다.

99 베네트는 시간의 선험적 성격에 반대한다. 그에 따르면 '모든 감
각 소여는 시간적이다'라는 진술은 분석적이지 않으며, 우리는 비

시간적인 세계도 모순 없이 생각할 수 있다. 그러므로 베네트는 시간성을 우연적인 것으로까지 생각한다(J. Bennett, *Kant's Analytic* (London New York : Cambridge Univ. Press, 1966), 49쪽]. 이에 대한 좀더 자세한 논의는 H. Heimsoeth, *Transzendentale Dialektik. Ein Kommentar zu Kants Kritik der reinen Vernunft*, 1 Teile (Berlin, 1966-1971), 93~124쪽 참조.

100 "따라서 감성에 의해서 대상이 우리에게 주어지며 감성만이 우리에게 직관을 제공한다"(KrV, B 33, A 19).

101 KrV, B 33.

102 하나의 감각과 다른 감각이 배열될 때 이미 시간이 개입되며, 그것들이 주어지는 것도 이미 공간적으로 주어진다.

103 칸트는 '형이상학적 구명'에서는 공간과 시간이 경험적 직관이 아니고 순수 직관임을 밝히고, '초월적 구명'에서는 이것들이 선험적인 종합적 인식을 가능하게 해준다는 것을 밝힌다. 공간과 시간에 대한 '형이상학적 구명'에서는 두 단계의 추상 과정을 거친다(KrV, B 35). 즉 여기에서는 일차적으로는 인식의 전체 구성물 중에 속해 있는 지성의 성분에서 감성의 성분을 분리해내며, 이차적으로는 감성의 성분인 직관 중에서 감각에 속한 모든 것을, 이른바 색깔이나 음성이나 열감각 등을 제거한다. 이렇게 하고 나면 경험과 독립되어 있는 직관의 형식인 공간과 시간에 대한 근원적인 표상만 남게 된다. 칸트가 이런 과정을 거쳐서 구명하는 것을 '형이상학적'이라고 하는 것은 공간과 시간에 대한 근원적인 표상들인 공간성과 시간성을 선험적으로 주어진 직관이라고 증명하기 때문이다(KrV, B 38). 결국 이 구명은 먼저 선험적 표상들을 다룬다는 것을 밝히고, 그 다음으로는 그것들이 지성의 개념적 성격을 갖는 것이 아니라 직관의 성격을 갖는 것임을 밝힌다. 그리고 칸트는 공간과 시간에

관한 '초월적 구명'에 관해서도 언급한다. 그는 이 구명을 통하여 공간과 시간이 단순한 표상, 즉 사유물이 아니라 대상을 구성하는 지위를 갖는다는 것을 보여주고자 한다. 왜냐하면 이 공간과 시간을 통해서야 비로소 선험적인 종합적 인식이 가능해지기 때문이다. 이미 '형이상학적 구명'에서 밝혀졌듯이 공간과 시간은 경험에서 독립되어 있는 직관 형식으로 그것들에 관한 경험 독립적인 학문, 즉 형이상학이 가능하다.

104 앨리슨에 따르면 "칸트의 초월적 관념론은 '실재(물자체)의 인식 불가능성을 주장하고 우리의 인식을 표상(현상)의 순수 주관적 영역으로 좌천시키는 형이상학적 이론이다"(H. E. Allison, *Kant's Transcendental Idealism*(New Haven & London : Yale Univ. Press, 1983), 3~4쪽).

105 플라톤 역시 수학과 관련하여 존재를 분석했다. 물론 플라톤에게는 수학이 이데아를 분석하는 데 참여하는 기능을 하는 것으로 관념적 실재성을 지니지만, 칸트에게는 수학이 경험적 실재성 이상의 차원을 지니지 못한다. 그렇다고 칸트의 수학에 대한 이와 같은 태도가 라이프니츠와 유사한 것도 아니다. 라이프니츠는 수학을 정의와 모순율에 입각하여 분석적으로 정립하지만, 칸트는 수학을 종합적이고 직관적으로 구명한다. 그러므로 칸트의 수학은 라이프니츠처럼 논리학으로 환원될 수 없다. 물론 칸트를 비판하는 러셀에게는 수학이 분석적이게 된다.

106 주 89 참조. "어떤 개념을 어떤 원리로, 즉 다른 선험적 종합 인식들의 가능성을 분별해주는 원리로 설명하는 것을 나는 초월적 구명이라고 한다. 이렇게 구명하기 위해서는 첫째, 주어진 개념에서 그러한 인식들이 실제로 유래되어야 하고, 둘째, 그러한 인식들이 오직 내가 설명하는 방식을 전제하고서만 가능해져야 한다"(KrV, B 40).

107 KrV, A 127.

108 KrV, B 76.

109 감성과 관련해서는 수학이 중시되었다면, 지성과 관련해서는 논리학이 중시된다.

110 "지성의 모든 작용은 판단으로 환원될 수 있으므로 지성은 판단하는 능력으로 표현될 수 있다. 왜냐하면 지성은 상술한 대로 사유하는 능력이기 때문이다"(KrV, A 69, B 94).

111 그러나 칸트가 판단표에서 범주표를 도출하는 이런 방식에 이의를 제기하는 경우도 있다(P. F. Strawson, *The Bounds of Sense, An Essay on Kant's Critique Pure Reason*(London : Methuen, 1966), 74~82쪽 참조).

112 여기서 '연역'은 어떤 진술이나 전제에서 다른 진술이나 결론을 도출한다는 의미가 아니다. '연역'은 권리 주장을 명시하는 것이다. "법학자가 권한과 월권을 논할 때, 한 소송 사건에서 무엇이 합법적인가의 권리 문제quid juris와 사실에 관한 사실 문제quid facti를 구별하고 이 양자의 증명을 요구하는데, 이때 권한 또는 권리 주장을 명시하는 전자의 증명을 연역이라고 한다"(KrV, B 116).

113 범주의 형이상학적 연역은 네 단계 절차를 거쳐 이루어진다. 1단계 : 지성이 무엇을 통해 자신의 특수한 과제를 완수하는지가 밝혀져야 한다. 연관되어 있지 않은 다양함에 관해서 지성이 수행해야 하는 결합, 종합, 통일 작용은 판단 작용에서 발생한다. 2단계 : 개념의 결합이 판단에서 발생하기 때문에 개념 결합의 형식은 판단의 형식과 같은 것이다. 3단계 : 따라서 판단표를 형식 논리학에서 빌려올 수 있다. 4단계 : 각각의 판단 형식에 상응하는 범주표가 성립될 수 있다.

114 범주의 '초월적 연역'은 두 단계로 이루어져 있다. 첫째 단계는 범

주 없이는 객관적 인식이 있을 수 없다는 차원에서 범주의 영향이 미치는 범위를 증명하며, 두 번째 단계는 범주의 인식적 가치는 가능한 경험의 대상에 제한된다는 것을 입증한다. 전자는 '위에서부터', 즉 지성과 지성의 결합하는 활동성으로 증명하며, 후자는 '아래에서부터', 즉 경험적 직관과 그것의 통일로 증명한다. 그리고 전자는 다시 두 단계로 이루어진다. 즉 다양한 표상은 초월적인 자기 의식을 통해서만 통일에 이른다는 것을 입증하는 단계와 이를 통해 통일에 필연적 규정성을 주는 범주들이 있다는 것을 입증하는 단계로 이루어져 있다. 브루이에R. Brouillet와 바그너H. Wagner는 이런 과정이 성립될 수 없다고 보는 데 반해 헨리는 이것이 가능하다고 본다(D. Henrich, "Die Beweisstruktur von Kants transzendentaler Deduktion", in G. Prauss(hrsg.), *Kant*(Köln, 1973), 90~104쪽).

115 KrV, B 129~130.

116 "주어진 직관의 다양함은 그 대상의 개념 안에 통일되어 있다"(KrV, B 187).

117 "내가 생각한다는 것은 나의 모든 표상에 수반될 수 있어야 한다. 왜냐하면 만일 그렇지 못하다면, 전혀 사유될 수 없는 어떤 것이 나에게 표상될 수 있기 때문이다. 이것은 그 표상이 불가능하다거나 적어도 나에게 아무것도 아니라는 것과 마찬가지가 된다······따라서 직관의 모든 다양함은 이 다양함이 발견된 같은 주관 내에서 나는 생각한다와 필연적인 관계를 맺고 있다"(KrV, B 132).

118 "감각적 직관으로 주어진 다양함은 필연적으로 통각의 근원적 종합적 통일에 종속된다. 왜냐하면 이러한 통일에 의해서만 직관의 통일이 가능하기 때문이다. 주어진 표상의 다양함을 하나의 통각 아래 들어가게 하는 지성 작용은 판단의 논리적 기능이다······그런데 주어진 직관의 다양함이 판단 기능에 규정되어 있는 한, 범주가

바로 이러한 판단 기능이다. 결과적으로 주어진 직관 내의 다양함
은 필연적으로 범주에 예속된다"(KrV, B 143).

119 물론 스미스와 프리차드는 이런 도식론은 불필요한 것이며(N. K.
Smith, *A Commentary to Kant's "Critique of Pure Reason"*(London
: Macmillan, 1923), 재판(1979). 141쪽 이하 ; H. A. Prichard, *Kant's
Theory of Knowledge*(New York : Garland, 1969), 334~342쪽), 모호
하고 혼란스러운 것으로 간주하기도 한다(W. H. Walsh, "Schema-
tism", in *Kant-Studien* 49(1957), 95~106쪽). 페이튼 역시 범주의
초월적 연역에서 충분히 다루어졌기 때문에 도식론은 불필요하다
고 지적한다(H. J. Paton, *Kant's Metaphysic of Experience, A Com-
mentary on the first half of Kritik der reinen Vernunft*, 2권(London
: Hummanities Press, 1965), 17쪽 이후).

120 "하나의 개념에 그것의 형상을 부여하는 상상력의 일반적 절차에
관한 이러한 표상을 나는 이 개념에 관한 도식이라고 부른다"(KrV,
B 179~80). 칸트는 이와 같은 것을 수학에서 보여주고자 한다. 예를
들어 만약 내가 다섯 개의 점을 순차적으로 찍어놓는다면 이것은 5
라는 수에 관한 형상이 된다. 그러나 5라는 수의 도식은 그 자체가
형상은 아니다. 그것은 다수성을 일정한 개념에 맞추어 하나의 형
상으로 표상하는 방법에 관한 표상이다. 말하자면 도식은 개념과
현상의 다양을 함께 묶는다. 즉 도식은 현상에 개념을 적용하는 것
을 허용한다. 그래서 하이데거는 도식에서 표상되는 것은 개별적
인 것의 경험적 모양이나 여기에서 나온 보편자의 개념이 아니라
"형상을 만들어내는 규칙의 '색인'"이라고 주장한다(M. Heidegger,
Kant und das Problem der Metaphysik(Frankfurt a. M. : Vittorio
Klostermann, 1950), 92쪽).

121 "칸트는 '범주'라는 용어를 때로는 '순수 범주'라는 의미로, 때로

는 '도식화된 범주'라는 의미로 사용한다. 그리고 전자의 의미에서는 물자체에 대한 우리의 사유에 범주들을 적용할 수 있는 가능성을 인정하지만 후자의 의미에서는 그 가능성을 부정한다"〔A. C. Ewing, *A Short Commentary on Kant's Kritique of pure Reason* (Chicago : The Univ. of Chicago Press, 1938), 189쪽〕.

122 칸트의 도식에 관해 더 깊이 논의하기 위해서는 범주가 현상에 적용되는 조건과 관련되는 '범주의 초월적 도식'을 다루어야 하고, 나아가 시간 규정과 관련하여 실체성, 인과성, 상호성의 범주를 다루어야 하며, 또한 객관적인 범주의 사용 규칙인 원칙의 분석론과 관련하여 '직관의 공리', '지각의 예료', '경험의 유추', '경험적 사유 일반의 요청' 등을 다루어야 한다.

123 그래서 김상봉은 "그러나 존재의 진리를 나 속에서 추구하는 칸트적 존재론의 이념을 계속 도외시하는 한, 우리는 결코 칸트 철학의 핵심으로 진입해 들어갈 수 없다"고 주장한다〔김상봉, 《자기의식과 존재사유》(한길사, 1998), 129쪽〕.

124 칸트는 이것을 가상체假想體, noumena라고 하며 이것을 다시 소극적 의미와 적극적 의미로 구별한다. 가상체의 소극적 의미 : "어떤 사물이 우리의 감각적 직관의 대상이 아닌 한 우리가 그런 사물을 가상체로 이해한다면, 그럼으로써 우리는 그것을 직관할 방식을 상상하니까 이것은 소극적 의미에서의 가상체이다"(KrV, B 307). 가상체의 적극적 의미 : "만약 우리가 가상체를 비감각적 대상으로 이해한다면, 우리는 특수한 종류의 직관 방식, 즉 지성적 직관을 상정하는 것이다. 그러나 그런 직관 방식은 우리의 직관 방식이 아닐뿐더러 우리는 그것의 가능성조차 통찰할 수 없다. 그런데 아마 이것이 적극적 의미에서의 가상체일 것이다"(KrV, B 307). 이런 적극적 의미에서의 가상체는 예지체로 지성적 직관의 대상이 될 수 있으나,

칸트는 이 점을 인정하지 않는다. 그러나 슈라더G. Schrader는 칸트에게서 범주와 물자체가 서로 대립되어 있음을 다음과 같이 표현한다. "범주가 물자체에 적용될 수 있다면, 칸트의 비판적 입장에 근본적으로 일관성이 없어진다. 범주가 물자체에 적용될 수 없다면, 물자체는 완전히 무의미해진다"(G. Schrader, "The Thing in Itself in Kantian Philosophy", P. Wolff(ed.), *Kant : A Collections of Critical Essays*(Notre Dame : Univ. of Notre Dame, 1967), 176쪽).

125 이성은 지성처럼 주어진 현상에 직접 관여하는 것이 아니라 지성의 개념과 판단에 관계하며, 그것들보다 고차적인 원칙에 따라 현상을 통일시키고자 한다(KrV, B 672). 그래서 이성은 끝없이 무제약적인 상태에까지 이르고자 한다. 즉 이성의 논리 준칙은 우리로 하여금 무제약자를 향해 점점 나아가도록 하면서 인식의 좀더 큰 통일을 추구할 것을 요구한다. 그러나 그것은 무제약자의 있음을 주장하는 것이 아니라 마치 그런 것이 있는 것처럼 나아가도록 요구하는 정도일 뿐이다.

126 KrV, B 352, 497.

127 KrV, B 410.

128 KrV, B 525.

129 칸트는 양적인 추리, 질적인 추리, 관계적인 추리, 양상적인 추리에 맞추어 네 가지 이율배반을 제시했다. 앞으로 다루게 될 세 번째 이율배반을 제외한 나머지 세 가지는 다음과 같은 것들이다. (1) 정립 : 세계는 시간상 시초가 있으며 공간에 관해서 제한되어 있다. 반정립 : 세계는 시초가 없으며 공간에 관해서도 제한되어 있지 않고 시간과 공간 양자에 관하여 무한하다. (2) 정립 : 세계 내에서의 합성된 실체는 모두 단순한 부분들로 이루어져 있다. 그리고 단순하거나 단순한 것들에서 합성된 것만이 존재한다. 반정립 : 세계 내에서

의 어떤 합성물도 단순한 부분들로 이루어져 있지 않다. 그리고 단순한 것은 어디서도 존재하지 않는다. (3) 정립 : 세계에는 그것의 부분이거나 그것의 원인이거나, 절대적으로 필연적인 존재가 있다. 반정립 : 세계의 원인으로서의 필연적인 존재는 세계의 안에서나 바깥에서나 어디에도 존재하지 않는다. 칸트는 양적인 차원에서 세계의 유한성과 무한성, 질적인 차원에서의 세계의 단순성과 복합성, 관계적인 차원에서의 세계의 자유와 필연성, 양상적인 차원에서의 세계의 필연성과 우연성에 관한 그동안의 상반된 주장은 현상과 물자체를 구별하지 못했기 때문임을 밝히고 있다. 정립측 주장은 이성론자들의 주장으로 이성에게는 과대한 주장이 되며, 반정립측 주장은 경험론자들의 주장으로 이성에게는 과소한 주장이 된다. 이들 모두 현상과 물자체를 구별하지 못하는 오류를 범하고 있다는 것이 칸트의 지적이다.

130 KrV, B 472.

131 KrV, B 473.

132 문성학, 《칸트 철학과 물자체》, 181쪽. 이와 같은 접근을 안케 W. Janke는 '한계를 조정하는 것'이라고 한다. 이것은 물자체와 현상이 서로 침범하지 못하도록 하는 것이다(W. Janke, *Historische Dialektik* (Berlin New York : Walter de Gruyter, 1997), 73쪽).

133 칸트가 '이상Ideal'이라고 하는 것은 모든 특수한 가능성을 위한 소재들을 선험적으로 내포하는, 그래서 모든 가능한 술어의 전체라는 이념이다. "내가 이상이라고 하는 것은 이념보다도 더 객관적 실재성에서 멀리 있는 것이라고 여겨진다. 내가 의미하는 이상은 그저 구체적인 이념인 차원이 아니라 개체적인 이념, 즉 이념에 의해서만 규정될 수 있는 개체 내지 규정된 개체다"(KrV, B 596). "이념이 규칙을 주는 것이듯이, 이상은……모상模像을 완전히 규정하기 위

한 원형이 되는 것이다"(KrV, B 597).

134 존재론적 증명의 전형적인 형태를 보여주는 안젤무스St. Anselmus의
논변은 다음과 같다. "완전한 자는 '존재'한다. 신은 완전하다. 따라
서 신은 '존재'한다." 그런데 이 논변의 문제는 대전제의 '존재'와 결
론의 '존재'가 어떤 의미로 사용되었느냐가 관건이 된다. 분명 대전
제의 '존재'는 사유 속의 존재이다. 그런데 만약에 결론의 존재도 그
런 의미로 사용했다면 동어 반복에 불과하며, 그렇지 않고 구체적
존재를 의미하는 것으로 사용했다면, 추론의 비약인 셈이다. 그러
므로 칸트가 볼 때 존재론적 증명은 동어 반복이거나 추리의 잘못
을 범하고 있는 것이다. "최상의 존재자의 현존을 그 개념에서 증명
한 유명한 존재론적 증명이나 데카르트적 증명에서의 모든 노력과
노고는 헛된 것이었다는 것, 자기의 현재 금액에 몇 개의 영을 보태
어 재산을 늘리려는 상인처럼 한낱 관념으로 지식을 풍부하게 하려
고 기대하는 사람이 있겠지만……"(KrV, B 630).

135 KrV, B 632~633.

136 "결과에서 원인으로 이행하는 것에 관한 모든 법칙은, 또 우리 인식
이 종합적으로 확장하는 것은 모두 오직 가능한 경험에만 관계하
고, 따라서 감성계의 대상에만 관계하며, 이런 대상에 관해서만 의
미를 갖는다"(KrV, B 649~650).

137 KrV, B 655. 아이슬러에 따르면 칸트에게는 신이 '현상'을 창조했
다고 말해서는 안 되고, 우리들이 인식할 수 없는 '사물들'을 창조
했다고 말해야 한다. 따라서 물자체는 신의 피조물로 여겨진다(R.
Eisler, *Kant Lexicon*(Zürich : Georg Olms Verlag, 1964), 96쪽).

138 적어도 칸트에 따르면 우리에게 신은 주어진 인식의 대상이 아니라
우리에게 부과된 이상으로서의 존재이다. 따라서 이론적으로 신의
존재를 논증하는 것은 불가능하다. 신은 다만 우리에게 요청되는

존재일 뿐이며 신의 실재성은 실천적 차원에 맡겨져야 한다.

139 "나중에 우리는 도덕성의 법칙들이 최상 존재의 현존을 전제할 뿐만 아니라, 다른 방면을 고찰하는 데도 절대 필요한 것이기에 정당하게 (물론 실천적인 관점에서만) 그것을 요청하기도 하는 것임을 보여줄 것이다"(KrV, B 662).

140 KrV, B 667~668.

141 KrV, B 670.

142 KrV, B 670.

143 KrV, B 692.

144 로츠는 칸트의 이런 입장을 실천과 이론이 분열되어 있는 상태로 평가한다(J. B. Lotz, *Der Mensch im Sein*(Herder KG Freiburg in Breigan, 1955), 106쪽).

145 KrV, B XXV. 칸트는 물자체를 인식할 수 있음을 주장하는 재래의 형이상학은 부정하지만, 그런 세계로 접근할 수 있는 가능성을 원천 봉쇄하는 적극적 입장에도 비판적이다. 그는 '소질로서의 형이상학'과 관련하여 우리의 순수이성의 위상을 달리 규정하고자 한다. 칸트는 비록 순수이성이 대상에 관한 우리의 학적인 인식을 늘이는 데는 사용될 수 없으나, 인식에서 적극적인 '규제적' 기능을 행사하는 초월적 이념을 산출한다고 보았다. 그래서 그는 이들 이념들의 기원과 체계를 탐구하고 그것들의 정확한 기능을 결정해야 한다고 보았다. "칸트주의의 핵심은 인간이 인간임을 자각함으로써, 독단론과 회의론을 물리치고, 도덕적 인격주의를 강조하는 것이다"(문성학, 《칸트 철학과 물자체》, 185쪽).

146 물론 칸트는 이 명제가 무의미하다고 주장하기도 한다. "실재성, 실체, 원인성의 개념, 심지어는 현존의 필연성의 개념까지도, 만일 내가 그것들을 감각의 영역 밖에서 사용하고자 한다면, 모든 의미

를 상실하고 어떤 내용도 갖지 못한 공허한 이름뿐인 개념들이다"
(KrV, B 707).

147 "형이상학이 단지 사변으로 인식을 확장시키기보다도 오류를 막
는 데 사용된다는 것은, 형이상학의 가치를 훼손하는 것이 아니라,
오히려 검열관이라는 직분에 의해서 품위와 명망을 주는 것이다"
(KrV, B 879).

148 "여러분은 결국 앎(확실한 인식)에 관하여 발언하는 것을 그만두었
지만, 가장 엄격한 이성이 보아서도 시인할 만한 확고한 (도덕적)
믿음을 주장할 여지는 충분히 남아 있다"(KrV, B 773, B 784 참조).
"……이성이 단지 사변의 영역에서는 충분한 논리적 근거를 갖지
못하기 때문에 결코 전제할 권한이 없는 것을, 실천적(도덕적) 사
용에 관해서는 가정할 권리를 지닌다"(KrV, B 805, B 822, B 826, B
833 참조).

149 KrV, B 828.

150 KrV, B 789. 칸트에 따르면 흄은 지성을 '제한'하기는 했지만, (비판
적) 한계를 정하지는 못했다(KrV, B 796).

151 쉬츠C. Schütz와 후펠란트G. Hufeland를 편집자로 해서 세워진 〈예나
일반 문예일보Jenaer Allgemeine Literaturzeitung〉는 당시 칸트주의와 관
련된 내용이 총집결되는 곳이었다. 이외에도 슈미트K. Chr. E. Schmid
와 슐츠Schultz, 라인홀트Karl Leonhard Reinhold 등은 칸트의 《순수이
성 비판》을 쉽게 이해할 수 있는 안내서를 펴냈다. 심지어 멜린G. S.
A. Mellin은 1797년부터 1804년까지 칸트의 비판철학과 관련하여
여섯 권으로 된 백과사전을 펴내기도 했다.

152 엥겔J. J. Engel, 가르베Chr. Garve, 마이너스Chr. Meiners, 멘델스존M.
Mendelssohn, 페더J. G. H. Feder, 플라트너E. Platner 등은 당시 칸트 비
판철학에 부정적인 입장을 취했다. 특히 멘델스존은 신의 존재를

증명하는 것이 불가능하다는 칸트의 주장을 반박했으며, 심지어 에버하르트August Eberhard는 칸트의 이런 비판정신에 맞서기 위해 《철학잡지Philosophisches Magazin》(1789~1792)를 창간하기도 했다.

153 예수회 신부 슈타틀러B. Stattler는 칸트에 반대하는 두 권의 책Anti-Kant을 내기도 했다.

154 김석수, 〈이성, 자연 그리고 역사-칸트의 '자연의 계획'과 헤겔의 '이성의 교지'를 중심으로〉, 김형석 외, 《역사와 이성》(철학과현실사, 2000), 74~112쪽 참조.

155 당시 칸트로 되돌아갈 것을 주장한 사람으로는 첼러E. Zeller, 피셔 K. Fischer, 리프만O. Liebmann, 랑게F. A. Lange, 리일A. Riehl, 헬름홀츠 Heramann von Helmholz 등이 있다. 특히 1807년에는 《칸트 연구》가 발간되었으며, 바이힝거는 7년 뒤 칸트 사망 100주년을 맞이하여 '칸트학회Kant-Gesellschaft'를 창설했다.

156 즉 이들은 실천이성에 기초하여 형이상학을 비판적으로 확립하려는 의도를 중시하지 않았다. 이들은 《순수이성 비판》의 '분석론'을 중시했으며, 따라서 '변증론'의 사변적인 관점들은 인식론과 과학론으로 대치하고자 했다.

157 이중 마르부르크 학파에 속하는 코헨은 칸트의 초월적 방법을 철저히 밀고 나가려 했다. 그는 순수 사유의 논리 구조를 통하여 칸트의 이원론을 극복하고자 했다. 즉 그는 칸트처럼 직관과 사유를 이원화하지 않고, 철저한 초월적 방법에 입각하여 사유에 의해 산출된 것 외에는 실재성을 인정하지 않는, 즉 사유와 존재를 동일시하는 철저한 관념론을 취하고자 했다. 그는 직관 내용을 선정하는 것이 순수 사유의 작용이라고 보았으며, 감각도 개념도 범주도 모두 순수 사유 작용의 산물임을 주장했다. 그러므로 자연과학도 순수 사유에 의해서 산출된 것으로 보았다. 이렇게 함으로써 그는 경험과

사실에 근거하여 학문을 구축하고자 했던 실증주의를 배격하고 과학적 관념론을 마련하고자 했다. 이처럼 사유 형식 자체가 내용까지도 산출한다고 보는 관점에서는 논리화되어 있지 않은 의식은 사유에 의하여 논리화됨으로써 참다운 인식에 이르게 된다. 결국 그는 순수 사유의 논리학을 기초로 정신과학의 모든 이념이 의욕의 대상으로 순수 의지에 의하여 생산된다는 관념론적 입장을 역설했다. 이렇게 해서 초월자에 관한 형이상학은 거부되고 인식론이 전부가 된다. 다시 말해 초월transzendental은 남고 초재transzendent는 소멸된다.

158 빈델반트에 따르면 인식의 진위는 판단의 진위와 직결되어 있는데, 판단은 단순히 표상 결합에만 머무는 것이 아니라 가치평가를 동반한다. 그는 이러한 논리적 가치평가에서 법칙 정립적인 자연과학nomothetische Wissenschaft과 개성 기술적 정신과학idiograpische Wissenschaft을 구별했다. 이렇게 해서 그는 가치론적 관념론의 입장을 표명했다.

159 리케르트는 인식론적 입장에서의 철저한 논리주의를 바탕으로 인식의 당위 법칙을 주장한다. 그에 따르면 인식 문제에서 인식의 대상은 인식 판단의 옳고 그름의 기준이 되는 초재적 당위transzendentes Sollen다. 바로 이 당위의 법칙은 현상의 존재를 초월적으로 구성하는 법칙이 아니라 도리어 그것을 인식할 때 "이렇게 해야 할 것이다"라는 인식의 규범이 되는 법칙이다. 그러므로 인식의 법칙은 존재하는 것의 법칙이 아니라 인식이 응당 따라야 하는 법칙이다. 인식에서 당위는 마땅히 초재적 당위로 주관에서 독립하여 타당한 초재적 가치이며, 동시에 객관적으로 타당한 논리적 가치이다. 그는 이와 같은 관점에 기초하여 객관적인 경험적 현실태를 보편화 형식으로 파악하는 학문을 자연과학으로 보았으며, 그것으로 개별

화 형식으로 파악하는 학문을 역사과학이라고 보았다.

160 이 학파에는 이들 외에도 라스크E. Lask, 바우흐B. Bauch 등이 있다. 이들의 정신을 계승한 사람 중에는 딜타이와 지멜G. Simmel도 있다. 딜타이는 칸트의 비판적인 방법은 수용하지만, 질료와 형식을 이분화시키는 점은 비판하며, 따라서 칸트의 형식적 범주를 실재적 범주로 발전시키고자 한다. 그래서 그는 삶의 총체성을 담을 수 있는 삶의 범주를 역사 이성 비판을 통해 마련한다.

161 마르부르크 학파의 마지막 인물인 카시러E. Cassirer는 상대성 이론과 양자 역학을 언급하면서 상대적 선험성을 발전시켰으며, 칸트의 '정태적' 이성 비판을 상징체계와 관련하여 확장하고자 했다.

162 신칸트주의의 주관적인 인식론적 작업을 부정하고 사태 그 자체로 돌아가려는 현상학적 운동이 일어나게 되었다. 아무런 선입견 없이 사태 그 자체가 드러나도록 해주는 것이 현상학의 기본 방침이다. 따라서 객관과 본질로의 전환이라는 새로운 존재론이 대두하게 되었다. 이 새로운 존재론은 본질을 전통 철학에서처럼 초월적 형이상학의 존재 요소로 보지 않고, 논리적이고 객관적 의미를 지닌 것으로 보려고 했다. 그러므로 후설은 주관적인 심리주의를 배격하고 수학적인 객관적 사유 법칙에 입각하여 사고의 법칙과 사태 내지 본질의 법칙의 일치를 확보하려고 했다. 따라서 그는 순수 사유의 선험적인 논리 법칙을 찾아내고, 아울러 이것을 사태의 본질 법칙과 조응하게 하는 것이었다. 따라서 후설은 아리스토텔레스의 지향성 이론, 내지는 추상설로 돌아가 우리 사유의 주체가 사태의 본질을 직관할 수 있는 본질 직관Wesenschau을 주장했다. 그러므로 그는 초재적인 것을 거부하고 모두 초월적인 것 안에 귀속시키고자 하였다.

163 후설은 본질 직관을 하는 '형상적 환원'을 의식 내적 대상으로 환원시키는 '현상학적 환원'을 시도했다. 그는 이 '현상학적 환원'을 '초

월적 환원'이라고 했다〔에드문트 후설, 《현상학의 이념·엄밀한 학으로서의 철학》(서광사, 1988) ; 에드문트 후설, 《유럽학문의 위기와 선험적 현상학》(한길사, 1997) ; 이소 케른, 《후설과 칸트》(철학과현실사, 2001) 참조〕.

164 하이데거에게는 '초월적'이라는 것이 인간의 구성적 능력을 기술하지만, 구성하는 것 자체의 존재방식에 관한 물음을 제기하는 인식이론에 관한 방법적 개념이 된다. 그러나 그는 단순히 신칸트주의의 인식론적 관점에 머물지 않고 존재론에 관한 새로운 기획을 시도한다. 그는 존재 이해의 사건을 전통적 형이상학의 이름을 빌려 초월Transzendenz이라고 하는데, 물론 이러한 초월은 전통적 형이상학에서의 초월과 구별된다. 종래의 일반 형이상학에서의 초월이 존재자의 보편적 특성을 향한 초월이고, 특수 형이상학에서의 초월이 최고 존재자를 향한 초월이라면, 하이데거의 초월은 존재자 일반을 넘어 존재자의 존재를 이해하는 동적인 사건이다. 존재 이해로서의 초월은 전통적 형이상학이 가능하기 위한 조건으로서, 기존의 특수 형이상학을 일반형이상학으로 환원시키는 역할을 한다(그는 칸트의 Transzendenz를 transzendental로 전환시킨다). 그의 이런 작업은 인식 주체와 대상의 일치라는 관점이 아니라 '발견하면서 있음entdeckend-sein'의 위치에 있는 현존재의 존재 방식에서 진리를 논한다. 그러므로 하이데거의 일반형이상학은 바로 이러한 존재론적 인식 체계를 열어 보여주는 기초존재론이 된다. 따라서 그의 이러한 기초존재론은 형이상학의 정초 작업으로서 특수형이상학을 일반형이상학으로 환원하고, 아울러 존재론의 내적 가능성을 열어 보여준다. 또한 그는 이것을 선험적 종합판단이 어떻게 가능한가라는 초월론적 물음으로 정식화한다. 하이데거는 어떻게 선험적 종합판단이 가능한가라는 칸트의 물음에 대해 유한자는 자신이 창조하지

않은 존재자를 존재자로 수용할 수 있기 위해 존재자의 존재 틀에 대한 선행적 이해를 가지고 있어야 한다는 주장과 관련하여 설명하고자 한다. 이것은 인간에게 선험적 감성 형식과 사유 형식이 있어야만 한다는 칸트의 주장과 유사하다. 하이데거에게서 존재 틀은 존재자가 자신을 인간에게 존재자로 드러내는 지평으로서의 존재이다. 이러한 존재자의 존재 틀을 이해하는 것은 바로 존재론적 인식 또는 초월로, 칸트의 선험적 종합판단에 해당한다. 칸트에게서 초월이 대상들에 관한 선험적 인식 방식에 관계하듯이, 하이데거는 이 초월을 '존재자에게 접근 가능'으로 본다. 그러므로 초월은 존재자를 넘어서 존재자의 존재를 근원적으로 형성하는 역동적 사건이다. 한편 하이데거는 이와 같은 작업을 순수 감정과 순수 지성을 종합하는 칸트의 상상력과 관련해서 다루고 있다. 그는 이와 같은 작업을 통하여 로고스에 중심을 두고 있는 서구 형이상학에 전면적으로 도전하고자 한다. 상상력과 시간-도식은 하이데거의 기초 존재론에 매우 중요한 바탕이 된다. 종래의 형이상학에서는 시간과 초월성이 대립해 있었다면, 하이데거는 오히려 이런 작업을 통하여 종래의 시간 저편에 존재하는 특수형이상학의 모든 부조리를 철폐하려고 한다(J. Ritter · K. Gründer (Hrsg.), *Historisches Wörterbuch der Philosophie*, 제10권(Schwabe & Co. AG · Verlag · Basel, 1998), 1416쪽 참조 ; 마르틴 하이데거, 《칸트와 형이상학》(한길사, 2001) 참조).

165 서동욱, 〈들뢰즈의 초월적 경험론과 칸트〉, 한국칸트학회 편, 《칸트와 현대 유럽 철학》(2001), 105~138쪽 참조.

166 칸트와 신스콜라 철학의 관계에는 스콜라 철학이 칸트 철학을 부정하는 입장과 긍정하는 입장이 존재한다. 즉 한편으로 칸트를 형이상학을 파괴하려고 한 자로, 다른 한편으로는 칸트를 형이상학을

확립하려고 한 자로 규정하고 있다. 그러나 전자는 사변형이상학을 비판하고 도덕형이상학을 확립하고자 한 칸트의 진정한 의도를 제대로 간파하지 못했으며, 후자는 칸트를 지나치게 신비주의나 비합리적 형이상학으로 몰고 갔다(김석수, 〈이념과 실재의 문제―칸트와 아퀴나스의 입장을 중심으로〉, 서강대학교 철학과, 《철학논집》, 제7집(1994), 127~175쪽 ; 박진, 〈칸트와 신스콜라 철학〉, 한국칸트학회 편, 《칸트와 현대 유럽 철학》(철학과현실사, 2001), 17~47쪽 참조).

167 독일어권 : 분트W. Wundt, 라이히H. Reich, 하임죄트H. Heimsoeth, 에빙하우스E. Ebinghaus, 레만G. Lehmann, 카울바하F. Kaulbach, 푼케G. Funke, 바그너H. Wagner 등. 영어권 : 스미스N. K. Smith, 페턴H. J. Paton, 월쉬W. H. Walsh, 베크L. W. Beck, 앨리슨H. E. Allison, 윌커슨T. E. Wilkerson, 브로드C. D. Broad 등. 프랑스어권 : 델보V. Delbos, 블레스카우어H. J. de Vleesschauwer, 코제브A. Kojèv, 뷔여맹J. Vuillemin, 필로넨코A. Philonenko 등.

168 김영건, 〈선험적 연역, 자연주의, 비트겐슈타인〉, 《철학논집》, 제7집, 73~95쪽 참조.

169 "칸트는 인식 주체가 인식의 선험적 형식을 사용하여 현상 세계를 구성함을 보여주었는데, 푸코는 근대적 권력의 그물망이 근대 주체, 근대적 개인의 신체를 생산함을 보여준다"(양운덕, 〈근대성의 사회철학적 탐구〉, 길희성 외, 《전통 근대 탈근대의 철학적 조명》(철학과현실사, 1999), 173~174쪽 참조).

170 한편 아펠의 초월적 화용론 역시 이런 경향과 관련되어 있다. 그는 초월적 자아와 물자체에 바탕을 두고 있는 의식철학의 패러다임을 벗어던지고 언어적 지반 위에서 상호 주체성을 설정하고, 다수의 주체가 참여하는 의사소통 공동체에서 "의미 있는 논의의 가능

성 조건"을 탐구한다. (물론 칸트에게 상호 주체성이 없었는가에 대해서는 논란의 여지가 있다.) 즉 아펠은 유아론적 차원에서의 이성의 자기 확실성을 추구하려는 칸트적 시도로부터 벗어나 상호주관적-의사소통적 이성의 합리적 합의 가능성을 찾으려는 노력을 통하여 초월철학을 새롭게 조직했다. 이로써 칸트의 초재적인 요소에 대한 요청은 언어 내적 담론 구조에 있게 된다. 초재성은 초월성으로 전환된다. 이처럼 의식철학에서 언어적 관점으로 철학이 전환된 것은 현대 철학의 일반적 특징으로, 하버마스, 가다머에게서도 각각 다른 방법으로 나타나고 있다.

171 현대 철학에서 '초월적'이라는 개념은 본질적으로 논란이 많은 개념에 속한다. 그래서 이 용어에 대한 통일된 의미가 없다. 비트겐슈타인의 경우 언어는 선험적 형태를 지니고 있다. 그는 《논리철학 논고》에서 말할 수 있는 것과 말할 수 없는 것을 구별하고 철학의 임무는 말할 수 있는 것의 구조와 본질을 명확히 밝히는 것이라고 했다. 그는 이 저서에서 '초월적 언어론'을 보여주고 있다. 《순수이성비판》이 이성 비판이라면, 《논리철학 논고》는 언어 비판이라고 볼 수 있다. 이런 의미에서 둘 다 비판철학의 형태를 지니고 있다. 물론 비트겐슈타인은 칸트처럼 인식의 조건을 다루는 것이 아니라 명료한 의미를 지닌 언어의 조건을 다룬다는 점에서 차이가 있다. 비트겐슈타인의 초월적 언어론에서는 사유와 언어의 한계는 서로 일치하는 것이고 그 한계 안에서 유의미한 명제의 논리적 구조를 밝혀내는 것이 철학의 임무이다. 특히 《논리철학 논고》에서 《철학적 탐구》로 넘어갈 때 그에게서는 칸트처럼 사유 혁명이 일어난다. 즉 칸트가 현상이 주관에 의해서 능동적으로 구성된 결과에 지나지 않는다고 주장했듯이, 비트겐슈타인 역시 현상이 인간의 다양한 언어 행위의 산물 외에 아무것도 아니라고 주장했다. 그는 '언어지칭설'

에서 '언어활용론'으로 넘어오면서 언어 게임과 삶의 형식의 관계를 규명하고자 했다. 즉 그는 "언어 게임이라는 말은 언어를 구사한다는 것이 활동의 일부, 또는 삶의 한 형식이라는 사실을 나타내 보이려는 의도"를 가진 것으로 보았다. 그는 이와 같은 관점에서 전통 철학의 문제를 해결하는 것이 아니라 해소하려고 한다. 그는 세계의 본질을 담는 언어관을 거부하고, 가족 유사성에 입각하여 언어의 본질성을 비판한다. 그러므로 학으로서 형이상학을 세우려고 하는 칸트의 이성 비판 작업조차도 잘못 이해된 언어관에서 비롯되었다는 것이 비트겐슈타인의 입장이다. 비트겐슈타인은 언어를 분석함으로써 세계의 실재를 파악할 수 있다는 입장을 포기하고, 언어는 인간정신의 투사이지 세계의 그림이 아니며, 따라서 세계의 실재는 언어를 통해 만들어진다고 주장한다. 칸트의 경우 세계의 전체 구조는 미지의 것이고 지성의 범주는 불변하고 고정된 것으로 되어 있지만, 후기 비트겐슈타인의 언어의 범주는 부단히 변천하고 발전하고 진화한다. 철학은 이런 언어의 실제적 활용을 인위적으로 체계화, 논리화할 수 없다. 그러나 비트겐슈타인은 후기에도 언어 게임 안에 일정한 초월적 구조가 있다고 보았다. 물론 그 구조는 변화, 발전한다. 이 언어 게임이 닿아 있는 삶의 형식은 우리가 받아들일 수밖에 없는 것이다. 이제 칸트의 초재적 영역도 모두 언어 게임 안에 있게 된다.

172 칸트의 영향을 많이 받은 들뢰즈는 칸트의 '초월적 관념론'을 '초월적 경험론'으로 발전시킨다. 그의 '초월적 경험론'은 궁극적 단위인 차이 자체의 초월성과 또 그것이 감성을 통하여 확보하는 경험성을 근거로 하고 있다. 따라서 들뢰즈는 감성을 더 근원적인 것으로 규정함으로써 칸트의 이성철학을 넘어 차이성, 다양성을 열어주는 철학으로 나아가고자 한다.

김상봉, 《자기의식과 존재사유》(한길사, 1998)

서구철학에 자아 중심의 철학이 면면히 흐르고 있음에 주목하여 칸트의 자기 의식이 존재 사유에 불가피한 조건임을 밝히고자 하며, 아울러 칸트의 이 작업이 지니고 있는 문제점을 지적하고 있는 피히테, 셸링, 헤겔의 입장과 관련하여 분석하고 있다. 이 책은 데카르트에게서 본격화되는 자기의식의 관점에서 접근하는 존재사유의 과정을 고찰하고 반성하는 데 중요한 안내서 역할을 하고 있다.

김용정, 《칸트 철학연구》(유림사, 1982)

칸트 철학의 핵심이 되는 자연과 자유의 관계를 집중적으로 분석하고 있다. 그래서 자연에 대한 기존의 과학적 고찰과 현대의 고찰을 자세하게 비교, 분석하고 있으며, 도덕형이상학의 문제들도 다루고 있다. 또한 정치, 사회철학에 대한 논의에까지도 나아간다.

김진, 《선험철학과 요청주의》(울산대학교 출판부, 1999)

칸트 철학에 핵심이 되는 개념 중의 하나인 '요청'이라는 개념을 중심으로 칸트의 선험철학의 특징을 드러내고자 한다. 칸트의 형이상학이나 기존의 형이상학을 분석하려는 사람에게는 중요한 안내서 역할을 할 것이다.

대한철학회 편, 《칸트 철학과 현대사상》(형설출판사, 1984)

대한철학회가 주관하여 칸트의 사상을 총집성한 것으로 여기에는 칸트의 원전에 대한 분석 연구와 칸트가 현대 철학에서 차지하는 위상에 대한 분석이 담겨 있다. 특히 3대 비판서에 대한 해석과 평가, 그리고 칸트와 독일 관념론의 관계, 칸트와 현대 철학의 관계, 칸트와 과학철학의 관계를 분석하고 있다.

문성학, 《칸트 철학과 물자체》(울산대학교 출판부, 1995)

칸트 철학에서 물자체와 현상의 관계를 집중적으로 분석하고 있는 이 책은, 이러한 분석을 통해 인식론적 존재론과 존재론적 인식론이 긴밀하게 조화를 이루고 있는 칸트의 입장을 밝히고 있다. 그러므로 칸트의 철학을 단순히 주관주의로 몰고 가거나 객관주의로만 몰고 가는 것은 바람직하지 않다는 것을 보여준다.

백종현, 《존재와 진리》(철학과현실사, 2000)

《순수이성 비판》의 목차를 따라 칸트가 이 책에서 주장하고자 한 핵심을 자세히 분석하고 있다. 특히 이 책의 부록 부분은 그동안의 한국의 칸트 연구 과정과 기존의 칸트 번역에 대한 새로운 작업의 방향을 제시하고 있다.

오트프리트 회페, 《임마누엘 칸트》(문예출판사, 1997)

독일에서도 칸트를 접하고자 하는 사람에게 가장 많이 읽히는 책 중의 하나로 칸트의 생애에서부터 최근의 발전 방향에 이르기까지 칸트의 전반적인 내용을 자세하고도 흥미진진하게 다루고 있다. 칸트의 전체 사상을 이해하기를 원한다면 이 책은 좋은 안내서가 될 수 있을 것이다.

프리드리히 카울바하, 백종현 옮김, 《칸트―비판철학의 형성과정과 체계》(서광사, 1992)

칸트의 생애와 학문 발전사를 자세하게 언급하면서, 특히 칸트의 초기 저작에서부터 후기 저작에 이르기까지의 흐름을 잘 분석해주고 있다. 따라서 칸트의 사상 전반의 흐름에 대해 고찰해보고자 하는 사람에게 좋은 안내서가 될 것이다.

하영석 외, 《칸트와 현대 철학》(형설출판사, 1995)

한국의 칸트 전문 연구자와 관련 연구자들 24명이 모여 칸트와 현대 철학의 관계를 분석하고 있다. 제1부에서는 칸트의 전 저작에 나타난 사상을 소개하고 있으며, 제2부에서는 칸트와 현대 독일 철학의 관계를 분석하고 있다. 그리고 제3부에서는 칸트와 분석철학의 관계를, 마지막 제4부에서는 칸트와 포스트모더니즘의 관계를 분석하고 있다. 칸트의 철학이 현대에 미친 영향을 알기 위해서는 이 책이 좋은 안내서가 될 것이다.

한국칸트학회 편, 《칸트와 형이상학》(민음사, 1995)

'한국칸트학회'에서 처음으로 연구지를 출간하게 되면서 나온 결실이다. 이 책에는 칸트 철학의 가장 근본적인 물음이 되는 '학문으로서의 형이상학이 가능한가'라는 부분과 관련하여 칸트의 형이상학에 대한 입장을 자세히 검토하고 있다. 따라서 칸트 이론철학의 핵심을 이해하는 데 많은 도움을 줄 것이다.

한자경, 《칸트와 초월철학―인간이란 무엇인가》(서광사, 1992)

칸트의 《순수이성 비판》을 중심으로 칸트의 중심 사상을 체계적으로 제시하고 있다. 특히 자아관, 인간관을 중심에 놓고 그의 사상에 접근하고 있다. 또한 이 책은 《순수이성 비판》이 도덕형이상학으로 넘어가는 과정을 중시하고 있다는 점에 주목하여 칸트의 《순수이성 비판》을 《실천이성 비판》과 연계하여 다루고 있다.

S. 쾨르너, 강영계 옮김, 《칸트의 비판철학》(서광사, 1984)

칸트의 3대 비판서를 중심으로 칸트의 진의를 정확히 해설하는 데 목적을 두었다. 위대한 철학자의 작품을 비판하는 것보다 정확하게 해석해내는 것이 훨씬 어렵다는 저자 쾨르너의 주장에 따라 이 책의 목적은 칸트의 철학을 비판하는 것이라기보다는 정확하게 해석하는 것이다. 그러므로 이 책은 칸트 철학을 이해하는 데 도움이 많이 된다.

T. E. 윌클슨, 배학수 옮김, 《칸트의 순수이성 비판》(서광사, 1987)

칸트의 《순수이성 비판》을 단순히 해설하는 차원에 머물지 않고 비판적으로 접근함으로써 칸트의 초월적 관념론이 상당히 무리가 뒤따르는 이론임을 지적하고 있다. 따라서 칸트에 대해서 비판적인 안목을 지니고자 하는 사람에게는 도움이 될 것이다.

김석수 kimssu@bh.knu.ac.kr

그는 평범한 유년시절과 외로운 청년기를 보내며 점증하는 삶의 부조리에 대한 고민을 안고 서강대학교에 입학했다. 철학과에 적을 둔 그는 뇌리에 남아 있는 삶의 부조리와 인간의 자유에 관한 문제를 고민하며 이론과 실천 사이에서 갈등을 극복하려고 했다. 대학원에서는 〈칸트의 초험적 관념론에 대한 비판적 고찰─제삼 이율배반을 중심으로〉 라는 주제로 석사 학위논문을 썼다. 이러한 추상적 작업을 좀 더 구체화하기 위해 계속해서 인간의 내적 자유와 외적 자유에 핵심이 되는 도덕과 법의 존재론적 조건을 분석하고자 했으며, 이를 통해 인간의 진정한 자유의 가능 조건을 다루고자 했다. 이 작업의 결실이 바로 〈칸트에 있어서 법과 도덕〉이라는 박사 학위논문이다. 이 작업은 여기서 멈추지 않고 저항론으로까지 확장되어 연세대학교 철학연구소에서 박사후과정으로 진행되었고, 〈저항, 혁명 그리고 진보에 대한 연구─칸트의 실천철학을 중심으로〉라는 논문으로 결실을 맺었다. 지금도 여전히 그의 화두는 어떻게 하면 지배욕과 야합되어 있는 극단의 길이 아닌 비판의 문이 열려 있는 '사이의 길'을 마련하는가이다. 하늘과 땅 사이에 자리잡고 있는 이카루스의 운명과 자유의 문제를 고민하는 것이 그의 철학의 궁극적 과제이다. 그래서 그는 지금 신과 인간 사이, 자연과 인간 사이, 인간과 인간 사이, 동양과 서양 사이, 전통과 현대 사이, 이론과 실천 사이, 철학과 현실 사이 등 '사이'와 관련하여 '사이'의 참의미를 구명하는 데 몰두하고 있다.

그동안 《현실 속의 철학 철학 속의 현실》을 집필했으며, 《인간이라는 심연─철학적 인간학》, 《세계화의 철학적 기초》 등을 공동 집필했고, 《인식론》, 《철학의 거장들》 등을 공역했다. 지금은 경북대학교 철학과에서 독일관념론을 가르치고 있다

순수이성 비판 서문

초판 1쇄 발행 2002년 1월 1일
개정 1판 1쇄 발행 2019년 2월 8일
개정 1판 4쇄 발행 2025년 1월 15일

지은이 이마누엘 칸트
옮긴이 김석수

펴낸이 김준성
펴낸곳 책세상
등록 1975년 5월 21일 제2017-000226호
주소 서울시 마포구 월드컵로23길 38, 2층
전화 02-704-1251(영업) 02-3273-1333(편집)
팩스 02-719-1258
이메일 editor@chaeksesang.com
광고·제휴 문의 chaeksesang@naver.com
홈페이지 chaeksesang.com
페이스북 /chaeksesang **트위터** @chaeksesang
인스타그램 @chaeksesang **네이버포스트** bkworldpub

ISBN 979-11-5931-330-1 04100
    979-11-5931-221-2 (세트)

책세상문고 · 고전의 세계